조리 전공을 위한 한국음식

이경수 · 이시형 공저

머리말

오랜 옛날부터 우리 조상들은 자연환경과 기후조건에 맞는 식생활을 유지시켜 왔으며 정성을 제일로 여겨 음식을 만들어 왔습니다. 또한 한국음식은 제철에 나는 갖가지 식품을 생명의 유지와 성장 발달에 필요한 훌륭한 공급원으로 만드는 데도 손색이 없었습니다.

하지만 시대가 변하면서 식생활은 영양적, 미적인 부분까지 확대되어 갔습니다. 식품재료의 종류와 양이 많아지고 조리기구나 보관방법도 새로워지면서 조리에 대한 관심과 연구는 날로 높아져 갔습니다. 그러한 수단으로 조리, 가공법이 눈부시게 발전해 온 것도 사실입니다.

한때는 외국 음식에 입맛이 길들여져 우리의 전통음식을 소홀히 여기는 가슴 아픈 일도 있었습니다. 양에서 질과 가치, 기호 중심으로 식생활이 바뀌면서 새로운 음식을 찾아 접해 보려는 독특한 식문화는 끊임없이 형성될 것입니다. 그럴수록 우리 것의 소중함을 알고 정성을 다해 노력을 기울인다면 우리의 식생활은 보다 즐겁고 윤택해지리라 믿습니다.

따라서 우리 조리인들은 소중한 우리 문화 유산인 전통음식을 계승하고 연구하여 세계적인 요리로 발전시켜나가야 합니다. 뿐만 아니라 국민의 건강을 책임지는 조리인으로서 기본적으로 갖추어야 할 인격은 물론이거니와 이론과 실무를 토대로 조리인의 기본도 습득해야 합니다.

이 책은 그 동안 현장 경험과 강단 경험을 통해 얻은 이론과 실기들을 이해하기 쉽게 간결하고 체계적으로 정리하였습니다. 특히 한국산업인력공단의 검정기준에 따른 한식조리기능사 실기시험 문제와 건강 발효식품인 김치에 대해 중점적으로 기술하였습니다.

이 책이 식품, 조리, 외식을 공부하는 학생들과 조리사 시험을 준비하는 이들에게 조금이나마 도움이 되었으면 합니다. 앞으로 부족한 부분을 수정 보완할 것을 약속드리며 선후배 여러분들의 많은 격려와 충고를 기대합니다.

끝으로 도서출판 효일 사장님과 직원, 사진사랑 홍장호 사장님, 작업에 호흡을 함께 해 준 고마운 제자들에게 감사 드립니다. 무엇보다 아내와 엄마의 빈자리를 말없이 참고 기다려 준 가족들에게도 고마움을 전합니다.

저자 씀

차례 次例

제1장 한식조리 이론

제2장 한식조리기능사 실기

제3장 응용 한식(김치)

제1장

한식조리 이론

한국음식의 특징

식생활 문화는 그 민족이 자리 잡은 지리적인 환경, 사회적인 환경, 경제적 환경에 의해 형성되고 발전되어 간다.

우리나라는 사계절이 뚜렷한 반도에 위치하고 있으며, 계절이나 지역에 따라 생산되는 산물이 다양하므로 이를 이용한 조리법이 다양하게 발달되었다.

한국음식은 다른 나라 음식에 비해 섬세한 정성과 노력이 많이 필요한 음식으로, 음식을 만드는 사람의 수련이 요구되며 음식을 다루는 태도와 맛을 내는 요령이 필요하다.

조리상의 특징

- 주식과 부식이 뚜렷이 분리
- 곡물을 이용한 조리법이 발달
- 음식의 간을 중요시함
- 조미료와 향신료를 이용하여 맛의 조화를 중요시함
- 약식동원, 의식동원이 기본임
- 섬세한 손동작이 필요함

제도상의 특징

- 유교 의례를 중시했으며 상차림과 식사 예법이 발달
- 일상식은 독상 중심이었고 조반과 석반을 중시함
- 명절식과 시절식의 풍습이 있음

풍속상의 특징

- 의례를 중히 여겨 통과의례식이 발달
- 공동체 의식의 풍속이 발달
- 저장 발효 식품이 발달

한국음식의 종류

주식류

1. 밥

우리나라의 대표적인 주식으로는 쌀로만 지은 흰밥과 보리, 조, 콩, 팥 등의 잡곡을 섞어 만든 잡곡밥, 좁쌀로 지은 조밥, 콩나물, 채소, 어패류, 육류, 견과류 등을 넣어 만든 별미밥, 밥 위에 갖은 나물과 육류 등을 올려서 비벼 먹는 비빔밥 등이 있다.

2. 죽·미음·응이·암죽·즙

죽은 곡류를 이용한 유동식으로 일찍부터 주식으로 발달하였으며 주재료에 따라 흰죽, 팥죽, 녹두죽, 호박죽, 시금치죽, 잣죽, 호두죽, 흑임자죽, 전복죽 등이 있다. 죽은 소화가 잘 되므로 회복기의 환자나 노약자, 어린이에게 보양식으로 좋으며, 죽보다는 미음이, 미음보다는 응이가 더 묽다. 쌀에 5~8배 정도의 물을 넣고 끓여 완전히 호화시킨 것이 죽이며 이것을 푹 고아서 체에 내린 것이 미음이다. 응이는 곡물을 곱게 갈아 전분을 가라 앉혀 가루로 말린 것을 물에 풀어 익혀서 마실 정도의 농도로 만든 것이다. 암죽은 모유가 부족할 때 아기의 대용식으로 사용하며, 이것은 이유식을 겸한 음식으로 밥물이나 쌀가루와 여러 가지 곡식과 건새우, 건미역 등을 갈아서 끓인 것으로 허약한 사람의 보양식으로 쓰인다.

3. 국수

국수는 평상시보다는 생일이나 혼례 등 잔칫상에 차려지는 특별 음식이었으나 오늘날에는 일상의 음식으로도 즐겨 먹고 있다. 재료에 따라 밀국수, 메밀국수, 녹말국수, 칡국수, 쑥국수 등이 있고, 조리법에 따라 국수장국, 냉면, 비빔국수, 칼국수, 건진국수 등이 있다. 국수에 사용되는 육수는 멸치다시물, 다시마와 채소물, 양지머리 국물을 주로 이용하지만, 동치미 국물을 이용하기도 한다. 고명으로는 달걀지단과 고기 등을 쓴다. 온면일 때는 국수에 반드시 뜨거운 육수를 쓰고 여름에는 메밀국수로 냉면을 만들어 먹거나 밀국수로 냉콩국이나 냉국수를 만들어 먹는다. 또 겨울철에는 동치미에 국수를 말아서 시원하게 먹기도 한다.

4. 만두

만두는 국수처럼 간편하게 먹는 주식으로 옛날부터 북쪽지방에서는 설날에 만두국을 끓여 먹었다. 만두를 싸는 재료와 소의 재료에 따라 만드는 방법과 이름이 다양하며 대개 밀가루로 만두피를 만드나 메밀가루로 빚는 메밀만두, 생선으로 빚는 어만두 등도 있다. 만두는 겨울 음식으로 주로 설날음식으로 이용되었지만 계절에 따라 겨울에는 메밀로 만든 생치만두, 김치만두, 봄에는 준치만두, 여름에는 편수, 규아상 등으로 제철 재료를 이용하여 만들기도 하였다.

5. 떡국

떡국은 멥쌀로 떡가래를 만들어 타원형으로 얇게 썰은 후 육수에 넣고 끓여 만든다. 떡국은 정초에 먹는 절식으로, 가늘게 만든 가래떡을 대나무 칼을 이용하여 누에고치 모양으로 만드는 개성지방의 조랭이 떡국이 있으며, 멥쌀가루를 반죽하여 떡가래를 만들어 즉석에서 끓여 먹는 충청도의 생떡국 등이 있다.

부식류

1. 국(탕)

국은 여러 가지의 육류, 어패류, 채소류, 해조류 등을 주재료로 하여 끓인 일상식의 국물요리로 반상차림에 기본적으로 차려지며, 조리법에 따라서 맑은장국, 토장국, 곰국, 냉국 등이 있다.

- **맑은장국** : 물이나 양지머리 국물에 맑은 청장으로 간을 맞추어 여러 가지 건더기를 넣고 끓인다.
- **토장국** : 쌀뜨물에 된장으로 간을 맞추어 여러 가지 건더기를 넣고 끓인다.
- **곰국 · 설렁탕** : 소고기와 뼈를 푹 고아서 소금으로 간을 맞춘다.
- **냉국** : 끓여서 차게 식힌 물에 간장과 식초로 간을 하고 기호에 따라 고춧가루나 참기름을 쓰기도 하는데 주로 오이, 콩나물, 미역 등을 주재료로 이용하여 약간 새콤하게 만들어 입맛을 돋운다.

2. 찌개(조치)

찌개는 궁중용어로는 조치라 하며, 국에 비해 건더기가 많고 국물은 적다. 간을 맞추는 주재료에 따라 고추장찌개, 된장찌개, 새우젓국찌개 등으로 나누고 국보다는 간을 조금 세게 하며, 주재료에 따라서 김치찌개, 두부찌개, 생선찌개 등으로 불린다. 반상차림에는 필수음식으로 찌개의 종류에 따라 주안상의 요리로도 이용된다.

3. 전골

전골은 여러 가지 재료로 전을 부치거나 또는 그대로 색 맞추어 전골틀에 담고 국물이 고일 정도로 육수를 부어 익혀 가며 먹는 국물 요리로, 상 옆에서 전골틀을 불에 올려놓고 즉석에서 끓여서 먹는 것이 보통이다. 재료는 즉석에서 가열하여 먹을 수 있도록 미리 준비한다. 주재료에 따라 명칭이 달라지며, 신선로, 소고기전골, 해물전골, 곱창전골, 두부전골, 각색전골 등 그 종류가 다양하다.

4. 찜·선

찜은 반상, 교자상, 주안상 등에 차려 내는 요리로 주재료에 갖은 양념을 하여 맛을 충분히 우려내고 약간의 국물이 남아 있도록 은근한 불에서 오래 익혀 연하게 만든 요리이다. 갈비·닭, 생선 등의 육류와 어류, 버섯·두부·오이·호박·가지 등의 채소를 주재료로 양념하여 푹 익혀서 주재료의 맛과 양념의 맛이 어우러지게 한 것으로, 종류에는 육류찜, 어패류찜 등 여러 가지가 있다. 선은 흰살 생선이나 호박, 오이, 가지, 배추, 두부와 같은 식물성 식품에 소를 넣고 찌는 요리이다.

5. 조림·초

조림은 반상차림에 빠지지 않는 일상의 반찬으로 어패류, 육류 등을 세게 간을 하여 오랫동안 익혀서 재료에 간이 충분히 배어들게 만드는 요리이다. 조림은 주로 간장으로 하지만 비린내가 나는 생선은 된장, 고추장, 고춧가루, 마늘, 생강 등을 넣어 비린내가 가시면서 양념의 맛이 살에 스며들도록 조린다. 수·조·육류는 결체 조직이 많으므로 물을 붓고 끓인 다음 간장으로 조린다. 생선은 양념을 끓이다가 넣어야 생선살이 부서지지 않는다. 센 불에서 조리기 시작하여 끓으면 불을 약하게 하고 재료가 물러지면 불을 더 약하게 하여 밑이 타지 않도록 한다.

초는 조림을 달게 만든 음식으로, 국물에 녹말을 풀어서 그것이 재료에 엉기면 국물 없이 윤기 있게 바싹 조려서 만들며 전복초, 홍합초, 해삼초, 대구초, 마른 조갯살초 등이 있다.

6. 전

전은 기름에 지진다는 의미이며 육류나 어패류 또는 채소류 등의 재료를 얇게 저미거나 다진 다음 반대기를 지어 밀가루와 달걀물을 씌워서 기름에 깨끗하게 지진 음식으로 전유어, 전유화, 저냐라고도 한다.

명절이나 잔치 등 큰일을 치를 때 빠지지 않고 밥상·면상·주안상·교자상 등에 차려지며 초간장을 곁들여 낸다.

7. 구이·적

구이는 육류·어패류·채소류 등의 재료를 갖은 양념 또는 소금으로 간을 하여 불에 구운 요리로 직접구이와 간접구이가 있다. 양념에 따라 소금구이, 간장구이, 고추장양념구이, 초구이, 기름구이 등이 있다.

적은 육류나 어패류 등 여러 가지 재료를 썰어서 갖은 양념을 하고 꼬치에 꿰어서 구운 음식으로 조리방법에 따라 산적과 누르미로 나눈다. 산적은 날것을 양념하여 꼬치에 꿰어 양념장을 발라 가며 구워낸 것이며, 간장에 다시 졸이는 장산적이 있고 섭산적같이 꼬치에 꿰지 않고 굽는 것도 산적이라고 한다. 누르미는 재료를 양념하여 다 익힌 다음 색을 맞춰 꿰어서 지진 것이다. 누름적은 꼬치를 빼고 초간장을 곁들여 상에 낸다.

8. 편육·족편

고기를 덩어리째 푹 삶은 것이 수육이고 수육을 눌러 굳힌 다음 얇게 저민 것이 편육으로, 고기의 담백하고 순수한 맛을 즐기는 요리이다. 편육을 할 때에는 끓는 물에 고기를 덩어리째 넣어 삶는다. 사용하는 고기의 부위에 따라 양지머리편육, 사태육편육, 우설편육, 제육편육 등이 있다.

족편은 소의 족, 가죽, 꼬리 등을 오랫동안 끓여 불용성의 동물성 단백질인 콜라겐을 수용성으로 젤라틴화시켜 달걀지단, 석이버섯, 실고추 등을 올려 묵처럼 응고시킨 음식이다.

9. 나물·생채·쌈

나물은 숙채라고도 하며 채소를 기름에 볶아서 양념을 하거나 데쳐서 양념에 무친 것으로 반상에 꼭 필요한 반찬이다. 제철의 채소로 싱싱함을 살려 날것으로 초간장, 초고추장, 겨자즙에 무친 것을 생채라 하고, 여러 가지 재료들을 따로 볶아 함께 버무려 섞은 것은 잡채라 한다. 재료에 따라 조리법과 양념이 다르고 양념이 잘 배도록 주물러 무쳐야 한다. 나물은 아니지만 채소를 데치거나 생 채소에 밥을 싸서 먹는 쌈이 있다. 쌈은 우리나라의 독특한 형태의 찬이다.

10. 회

회는 육류, 어패, 채소 등을 초간장, 초고추장, 겨자즙, 소금기름 등에 찍어 먹는 음식으로 날 것을 회, 익힌 것을 숙회, 식초나 간장, 소금으로 살짝 간한 것을 초회라 하며 주안상에 많이 차려진다. 강회는 알지단, 편육 등을 얇게 채 썰어 실파나 연한 미나리를 데친 것으로 보기 좋게 말아 초고추장에 찍어 먹는 술안주 중 하나이다.

11. 포·부각·튀각·자반

포에는 고기를 말린 육포와 생선을 말린 어포가 있고, 날것을 그대로 말리거나 양념하여 말리는 것이 있으며 술안주나 마른반찬으로 쓰인다.

부각은 김, 감자, 고추, 깻잎 등에 묽게 끓인 찹쌀풀을 발라서 말려 두었다가 먹을 때 기름에 튀겨 술안주나 마른반찬으로 한다.

튀각은 마른 다시마, 미역, 파래, 호두 등을 그대로 기름에 튀긴 것이다.

생선을 소금에 절인 것을 자반이라 하는데 나물 또는 해산물을 간장과 찹쌀풀을 바른 후 말려 튀겨서 짭짤하게 만든 저장성을 가진 밑반찬으로, 마른 반찬류를 통칭하여 자반이라고도 한다.

12. 장아찌

장아찌는 무, 오이, 도라지, 더덕, 마늘, 양파 등을 고추장, 된장, 간장 등에 넣어 묵혀 두고 먹는 저장식품이다. 갑장과라 하여 오이숙장아찌, 무숙장아찌와 같이 즉석에서 급히 장아찌 모양으로 만드는 것도 있다.

13. 젓갈·식해

젓갈은 생선이나 조개 등 어패류를 소금에 절여 오래 두면 단백질이 분해되어 독특한 풍미를 가지게 되며 소화가 잘되게 하고 식욕을 돋우게 하는 식품이다. 작은 생선을 뼈째로 담근 것은 숙성 중에 연해져 모두 먹을 수 있으므로 칼슘의 급원이 된다. 젓갈은 밑반찬뿐만 아니라 김치에 필수적인 재료로 쓰이고 있다. 젓갈에는 어패류 외에도 수·조·육류로 만드는 어육장이 있다. 젓갈로 담그는 방법에는 소금에만 절인 것, 소금과 누룩에 담근 것, 소금, 술, 기름, 전초 등을 섞어 담근 것, 간장에 게장을 담그는 법 등이 있다. 식해는 어패류에 엿기름과 익힌 곡물을 함께 섞어 고춧가루, 파, 마늘, 생강, 소금으로 조미하여 삭혀 만든 음식으로 함경도의 가자미식해가 유명하다.

14. 김치

우리나라 음식을 대표할 만큼 잘 알려진 김치는 식물성과 동물성 식품이 조화된 발효식품으로, 채소가 부족한 겨울철에 비타민과 유기산, 칼슘을 공급해 주는 필수적인 저장 식품이며 찬품 중에 가장 기본이 된다.

떡

떡은 우리나라의 전통적인 곡물요리 중 하나로, 추수가 끝난 뒤 조상께 감사드리는 감사 음식으로 사용되었다. "떡 주무르듯 한다" 또는 "어른 말을 들으면 자다가도 떡이 생긴다.", "미운 놈 떡 하나 더 준다", "밥 위에 떡"이라는 식으로 떡에 얽힌 속담이 많다. 이것으로 볼 때 우리 생활에는 떡이 아주 밀접하다는 것을 알 수 있다.

떡은 그 종류가 많으며 각 종류별로 특색이 있고 재료의 배합, 향이나 맛의 첨가, 쌀가루에 물 내리기, 설탕물이나 꿀물 섞기 등 만드는 방법도 다양하다. 떡은 각종 의례나 절식 등에서 필수적인 음식으로 우리 고유의 음식 풍속에서는 빠질 수 없는 대표적인 음식이다. 떡은 만드는 방법에 따라 찌는 떡, 치는 떡, 빚는 떡, 지지는 떡 등으로 나눈다. 떡 재료와 고물 만드는 방법은 지역의 특성에 따라 다르다.

- **찌는 떡** : 곡물가루에 물을 내려 시루에 넣고 찌거나 곡물을 얹어 켜켜이 안쳐 찐 떡을 말하며 백설기, 석탄병, 녹두편, 느티떡, 두텁떡, 증편 등이 있다.
- **치는 떡** : 곡물의 알맹이를 가루 내어 찐 다음 절구에 넣고 쳐서 만드는 떡으로 가래떡, 인절미, 절편, 개피떡 등이 있다.
- **빚는 떡** : 곡물가루를 반죽하여 모양 있게 빚어 만든 떡으로 송편, 단자, 경단 등이 있다.
- **지지는 떡** : 곡물가루를 반죽하여 모양을 만들어 기름에 지지는 진달래화전, 부꾸미, 수수전병, 대추주악 등이 있다.

1. 지방별 떡의 종류

- **경기도** : 예부터 음식 맛이 좋기로 이름난 고장으로 떡의 종류가 많고 모양도 예쁘다. 특히 개성 지방에는 화려한 떡이 많다.

- **충청도** : 예전에는 반상문화가 발달하여 서민과 양반들이 먹는 떡 종류가 구분되었다. 떡의 종류로는 쇠머리떡, 약편, 생떡국, 꽃산병 등이 있다.
- **강원도** : 쌀보다 다른 잡곡들 즉, 강냉이, 메밀, 감자, 도토리, 칡뿌리가 주로 생산된다. 그러므로 쌀로 만든 떡보다는 잡곡으로 만든 떡이 많고 맛과 생김새가 비교적 소박하다.
- **전라도** : 우리나라에서 가장 곡식이 많이 나는 고장으로 떡의 종류도 상당히 많은 편이다. 윤택한 식생활과 양반 명문가의 탁월한 음식 솜씨로 인해 다소 사치스러운 떡 모양을 내는 것이 특징이다.
- **경상도** : 상주, 문경지역에서는 밤, 대추, 감과 같은 과실류가 많이 생산되므로 이것을 재료로 만든 별미 떡이 많이 있다.
- **제주도** : 섬이라는 지역적 특성으로 쌀보다는 잡곡이 흔해서 메밀이나 조, 보리, 고구마 등으로 만든 떡이 많다. 다른 지방에 비해서 떡의 종류는 적은 편이고 쌀로 만든 떡은 명절이나 제사 때만 쓴다.

한과

1. 한과의 종류

한과는 만드는 방법과 재료에 따라 크게 유밀과류, 숙실과류, 다식류, 과편류, 정과류, 강정류로 나눈다.

(1) 유밀과

유밀과는 밀가루를 주재료로 하고 기름과 꿀을 부재료로 하여 반죽해서 기름에 튀긴 다음 다시 즙청한 과자를 말한다.

- **약과** : 밀가루에 참기름을 고루 섞고 생강즙 · 꿀 · 계핏가루 등을 넣어 되직하게 반죽하여 약과틀에 박아서 모양을 내고 기름에 튀겨 집청꿀에 담갔다가 건져 만든다. 불교의 전성기인 고려시대에는 살생을 금하여 생선이나 육류를 상에 올리지 못했기 때문에 유밀과가 중요한 제사음식이었다.
- **매작과** : 매엽과라고도 불리며 밀가루 반죽에 소금과 생강즙만으로 반죽하여 얇게 밀어 가운데 천(川)자 모양으로 세 번 칼집을 내어 꼬아 기름에 튀긴 후 즙청한다.
- **차수과 · 타래과** : 밀가루에 꿀과 참기름을 넣고 반죽하여 얇게 밀어 모지게 반을 접은 후 잘게 칼집을 넣은 것으로 마치 손가락 모양 같다고 해서 붙여진 이름이다.

(2) 숙실과

과수의 열매나 식물의 뿌리를 익혀 꿀에 조린 '초' 숙실과는 밤초와 대추초가 있고, 과실을 삶거나 쪄서 으깨어 다시 본래의 모양으로 빚어 만든 율란과 조란, 생란 등이 있다.

- **밤초** : 생밤의 껍질을 완전히 벗기고 삶아 꿀물에 조리는데 이때 밤 대신 황률을 삶아 조리기도 한다.

- **율란** : 생밤을 삶아 껍질을 완전히 벗기고 어레미에 내려 밤가루에 꿀과 계핏가루를 넣어 반죽해서 밤 모양으로 빚은 후 꿀을 바르고 잣가루를 묻힌다(원래는 황률, 곧 말린 밤을 가루 내어 꿀로 반죽해서 만든다).
- **조란** : 살짝 찐 대추의 씨를 발라내어 잘게 다져서 꿀과 계핏가루를 고루 섞고 물기 없이 약한 불에 조린 다음, 대추알만한 크기로 뭉쳐 한쪽 끝에 잣을 박는다.
- **강란(생란)** : 생강을 얇게 저며 곱게 갈아 체에 내려 생강 녹말을 가라앉히고, 건지는 꿀을 넣고 조리다가 반쯤 조려지면 꿀을 넣고 물기가 조금 남았을 때 받아 놓은 생강 녹말과 꿀을 세뿔 모양으로 집이 짓가루를 묻힌다.

(3) 다식

다식은 깨(흰깨 · 검은깨), 콩(백태 · 청태), 찹쌀, 송화, 녹두 녹말 등 날것으로 먹을 수 있는 것을 가루 내어 꿀로 반죽한 다음 다식판에 박아 낸 것으로 다식판은 꽃이나 글자 등 여러 가지 형태가 조각되어 있다.

- **흑임자다식** : 검은깨를 볶아 고운 체로 쳐서 꿀로 반죽하여 다식판에 찍어낸다.

- **송화다식** : 다식 중 가장 귀한 것으로 봄철 솔가지에서 떨어지는 노란가루를 물이 담긴 자배기에 받아 위에 뜨면 건져 한지에 깔아 말려 주었다가 꿀과 조청으로 반죽하여 다식판에 박아낸다.
- **진말다식** : 밀가루를 누릇하게 볶아서 꿀과 참기름으로 반죽하여 다식판에 찍는다.

• **오미자다식** : 녹두 녹말의 앙금을 가라앉혀 윗물은 따라내고 녹두 녹말만 걷어 오미자 국물에 꿀을 섞어 반죽하여 판에 찍어낸다.

(4) 과편

과편은 과일을 이용하여 만드는 것으로 서양의 젤리와 비슷하다. 신맛이 나는 앵두, 살구, 모과 등 과일을 주로 쓰고 사과나 배, 복숭아는 빛깔이 변하므로 잘 쓰지 않는다.

(5) 정과

정과는 연근, 무, 생강, 밤, 대추 등을 살짝 데쳐 꿀이나 물엿으로 달짝지근하고 쫄깃하게 조린 것을 말한다. 근래에는 꿀 대신 설탕을 쓰기도 하는데 꿀이나 조청, 설탕은 각각 장단점이 있으므로 알맞게 섞어 쓰면 좋다.

(6) 강정

강정은 예로부터 내려오는 과자 중에 으뜸으로 신부집에서 혼인을 치르고 돌아가는 신랑의 상객에게 이바지 음식으로 동구리에 가득 담아 보냈다.

또한 설날에 세배 온 아이들에게 선물로 강정을 주기도 했다. 찹쌀가루를 술과 미지근한 물로 반죽하여 익힌 것을 말려서 기름에 튀긴 다음 꿀과 고물을 묻혀 만든다. 모양에 따라 '유과' 또는 '산자' 라고도 하며 주로 사용되는 고물은 깨, 실백가루, 계핏가루 등이다.

음청류

우리나라는 추운 겨울에도 화채나 수정과, 식혜를 즐겨 마셨다. 물이 좋았던 옛날에는 자연수를 이용해서 제철에 나는 과일로 화채를 만들어 먹으면 더위를 가라앉히고 여름에 잃은 영양을 충족시키기에도 적합하였다.

1. 식혜

식혜는 우리의 전통 음료 중 가장 대표적인 것으로 감주라고도 불리며, 지방에 따라 국물을 즐기는 곳이 있고 밥알을 더 즐겨 먹는 곳도 있다. 찹쌀을 쪄서 엿기름을 우려낸 물을 붓고 삭혀 밥알을 찬물에 헹궈 건져낸다. 그 물에 설탕과 생강을 넣은 다음 끓이고 식혀서 밥알을 띄워 만든 음료이다.

2. 수단

곡류에 녹말 식품을 익혀서 오미자물이나 꿀에 띄워 먹는 것을 수단(水團)이라 한다. 흰떡을 아주 잘게 썰어 비벼서 콩알만큼씩 끊어 가운데를 손바닥으로 눌러 단추 모양을 만들어 녹말가루를 묻힌 후 끓는 물에 삶아 찬 물에 긴진 것을 오미자 물이나 꿀물에 띄워 먹는 떡수단, 햇보리를 삶아 고르게 녹말가루를 묻혀서 살짝 데쳐 오미자 물에 꿀을 타고 띄운 보리수단 등이 있다. 여름철 음료로 좋다.

3. 배숙

배를 여덟 조각 내어 등 쪽에 통후추를 박아 생강 물에 끓인 후 차게 해서 마시는 음료로, '이숙(梨熟)' 이라고도 하며 배를 익혔다는 뜻이다.

4. 수정과

생강, 계피, 통후추 등을 넣어 끓이고 설탕이나 꿀을 넣어서 한소끔 끓여 식힌 후 실백, 곶감 등을 띄워 마시는 음료이다.

한국음식의 상차림

밥을 주식으로 하고 밥에 어울리는 음식을 찬으로 하여 주식과 부식으로 구성된 것이 우리나라의 일상식 상차림이다. 차려지는 상의 주식이 무엇이냐에 따라 밥과 반찬을 주로 하는 반상을 비롯하여 죽상, 면상, 주안상, 다과상 등으로 나눌 수 있고, 상차림의 목적에 따라 교자상, 돌상, 큰상, 제상 등으로 나눌 수 있는데 계절에 따라 구성이 다양하다.

1. 반상차림

밥과 반찬을 주로 차리는 상차림으로 밥상, 진지상, 수라상으로 구별하여 쓰는데, 아랫사람에게는 밥상, 어른에게는 진지상, 임금에게는 수라상이라 불렀다.

- **독상** : 외상이라고도 하며 한 사람이 먹도록 차린 밥상을 말한다.
- **겸상** : 두 사람이 먹도록 차린 반상을 말한다.

외상으로 차려진 반상에는 3첩, 5첩, 7첩, 9첩, 12첩이 있다. 여기에서 첩은 밥, 국, 김치, 찌개(조치), 종지(간장, 고추장, 초고추장 등)를 제외한, 쟁첩에 담는 반찬의 수를 말한다.

3첩 반상은 반상 중에 가장 간소한 상차림으로 일반인들이 즐겨 차렸으며, 5첩 반상은 어느 정도 여유가 있었던 일반인들의 상차림이다. 7첩 반상은 손님 대접상이나 생신, 잔치 등의 특별식 상차림이며, 9첩 반상은 반가집에서 최고 상차림이었다. 12첩 반상은 궁중의 수라상차림으로, 수라상차림이라 하면 반드시 12첩 반상을 말한다.

반찬의 종류를 정할 때는 재료가 중복되지 않으며 빛깔과 영양도 고려해서 정한다.

반상차림의 규범

(1) 3첩 반상

- 기본적인 밥, 국, 김치, 장 외에 세 가지 찬품을 내는 반상이다.
- 첩수에 들어가지 않는 음식 : 밥, 국, 김치, 장
- 첩수에 들어가는 음식 : 나물(생채 또는 숙채), 구이 혹은 조림, 마른 찬이나 장과 또는 젓갈 중에서 한 가지를 택한다.

(2) 5첩 반상

• 밥, 국, 김치, 장, 찌개 외에 다섯 가지 찬품을 내는 반상이다.
• 첩수에 들어가지 않는 음식 : 밥, 국, 김치, 장, 찌개(조치)
• 첩수에 들어가는 음식 : 나물(생채 또는 숙채), 구이, 조림, 전, 마른 찬이나 장과 또는 젓갈 중에서 한 가지를 택한다.

(3) 7첩 반상

• 밥, 국, 김치, 찌개, 찜, 전골 외에 일곱 가지 찬품을 내는 반상이다.
• 첩수에 들어가지 않는 음식 : 밥, 국, 김치, 장, 찌개(조치), 찜(선) 또는 전골
• 첩수에 들어가는 음식 : 생채, 숙채, 구이, 조림, 전, 마른 찬이나 장과 또는 젓갈 중에서 한 가지, 회 또는 편육 중에 한 가지를 택한다.

(4) 9첩 반상

• 밥, 국, 김치, 장, 찌개, 찜, 전골 외에 아홉 가지 찬품을 내는 반상이다.
• 첩수에 들어가지 않는 음식 : 밥, 국, 김치, 장, 찌개(조치), 찜(선) 또는 전골
• 첩수에 들어가는 음식 : 생채, 숙채, 구이, 조림, 전, 마른 찬, 장과, 젓갈, 회 또는 편육 중에 한 가지를 택한다.

(5) 12첩 반상

• 밥, 국, 김치, 장, 찌개, 찜, 전골 외에 열두 가지 찬품을 내는 반상이며 예전에 아침과 저녁에 차렸던 수라상이다.
• 첩수에 들어가지 않는 음식 : 밥, 국, 김치, 장, 찌개(조치), 찜(선), 전골
• 첩수에 들어가는 음식 : 생채, 숙채, 구이, 조림, 전, 마른 찬, 장과, 젓갈, 회, 편육, 수란, 별식

<table>
<tr><th rowspan="2">구분</th><th colspan="7">기본 음식</th><th colspan="11">쟁첩에 담는 찬품(첩수에 포함되는 음식)</th></tr>
<tr><th>밥</th><th>국</th><th>김치</th><th>장류</th><th>찌개</th><th>찜(선)</th><th>전골</th><th>생채</th><th>숙채</th><th>구이</th><th>조림</th><th>전</th><th>장과</th><th>마른 찬</th><th>젓갈</th><th colspan="2">회</th><th>편</th></tr>
<tr><td>3첩</td><td>1</td><td>1</td><td>1</td><td>1</td><td>X</td><td>X</td><td>X</td><td colspan="2">택 1</td><td colspan="2">택 1</td><td>X</td><td colspan="3">택 1</td><td colspan="2">X</td><td>X</td></tr>
<tr><td>5첩</td><td>1</td><td>1</td><td>2</td><td>2</td><td>1</td><td>X</td><td>X</td><td colspan="2">택 1</td><td>1</td><td>1</td><td>1</td><td colspan="3">택 1</td><td colspan="2">X</td><td>X</td></tr>
<tr><td>7첩</td><td>1</td><td>1</td><td>2</td><td>3</td><td>1</td><td colspan="2">택 1</td><td>1</td><td>1</td><td>1</td><td>1</td><td>1</td><td colspan="3">택 1</td><td colspan="3">택 1</td></tr>
<tr><td>9첩</td><td>1</td><td>1</td><td>3</td><td>3</td><td>2</td><td>1</td><td>1</td><td>1</td><td>1</td><td>1</td><td>1</td><td>1</td><td>1</td><td>1</td><td>1</td><td colspan="3">택 1</td></tr>
<tr><td>12첩</td><td>2</td><td>2</td><td>3</td><td>3</td><td>2</td><td>1</td><td>1</td><td>1</td><td>1</td><td>1</td><td>1</td><td>1</td><td>1</td><td>1</td><td>1</td><td>1</td><td>수란1</td><td>별식1</td></tr>
</table>

2. 죽상차림

응이, 미음, 죽 등의 유동식을 중심으로 하고 여기에 맵지 않은 국물김치(동치미, 나박김치)와 젓국찌개, 마른 찬(북어보푸라기, 어포) 등을 갖추어 낸다.

(1) 응이상

응이, 동치미, 소금, 꿀, 마른 찬 등을 갖추어 낸다.

(2) 흰죽상

흰죽, 젓국조치, 나박김치(또는 동치미), 매듭자반, 북어무침, 포, 청장 등을 갖추어 낸다.

(3) 잣죽상

잣죽, 동치미, 북어보푸라기, 다시마튀각, 소금, 꿀 등을 갖추어 낸다.

3. 장국상(면상)차림

국수를 주식으로 차리는 상을 면상이라 하며 점심으로 많이 이용한다. 주식으로는 온면, 냉면, 떡국, 만두국 등을 내며, 부식으로는 찜, 겨자채, 잡채, 편육, 전, 배추김치, 나박김치, 나물 등이 오른다. 주식이 면류이기 때문에 각종 떡류나 한과, 생과일 등을 곁들이기도 하며, 이때는 식혜, 수정과, 화채 중의 한 가지를 놓는다. 술손님인 경우에는 주안상을 먼저 낸 후에 면상을 내도록 한다.

4. 주안상차림

술을 대접하기 위해서 차리는 상이다.

안주는 술의 종류, 손님의 기호에 따라 장만해야 하는데 보통 약주로 내는 안주는 육포, 어포, 건어, 어란 등의 마른안주와, 전이나 편육, 찜, 신선로, 전골, 찌개 등 얼큰한 것과 나물, 김치, 과일, 떡, 한과류로 적당한 음식을 차리기도 한다. 독상이 아니라 겸상이 대부분이다.

5. 교자상차림

손님을 접대할 때 차리는 상으로, 축하연이나 회식을 할 때 차리는 상이다. 잔칫날 교자상은 반상, 면상, 주안상으로 모두 함께 어울린 상차림이다. 주식으로는 저녁 식사 때에는 밥과 면류로 하는 것이 보통이다. 주식을 밥으로 하는 경우에는 탕을 준비한다. 술의 종류에 따라 신선로, 전골, 찜, 전, 편육, 회, 숙채, 생채, 마른반찬 등을 준비한다. 계절과 조리법을 이용하여 조화 있게 음식을 차려 낸다.

6. 다과상

식사대접이 아닌 손님에게 차와 함께 내는 상으로 교자상이나 주안상의 후식으로 내는 상이며 각색편, 유과, 다식, 생실과, 숙실과, 화채, 차 등을 차려 낸다.

7. 통과의례음식

사람의 출생, 관례, 혼례, 회갑, 상례, 제례 때마다 그 의례를 상징하는 음식을 차리고 기복, 기원, 경배 등의 뜻을 나타낸다.

(1) 출생

아이가 태어나면 산욕을 시킨 다음, 삼신상을 준비한다.

(2) 삼칠일

아기가 태어난 지 21일째 되는 날을 축하하는 날이다. 흰쌀밥에 고기를 넣고 끓인 미역국과 백설기를 준비하여 신성의 의미를 담는다.

흰쌀밥과 미역국을 각각 3그릇씩 놓는데 이는 삼신께 아기의 탄생과 순산을 감사하는 뜻에서 행해지는 제의식이다. 장수무명을 기원하는 뜻에서 쌀은 아홉 번 씻고, 미역국은 접거나 끊지 않은 장각으로 끓이는 것이 관례이다.

(3) 백일

출생 후 백일째 되는 날을 축하하는 날이다. 흰쌀밥과 고기를 넣고 끓인 미역국, 푸른색의 나물, 백설기, 붉은 팥고물, 차수수경단, 오색송편을 상차림에 올린다.

(4) 첫돌

돌상에는 무명실(수명장수), 돈(재물), 쌀(식복), 국수(수명), 종이, 붓, 책(학식), 대추(자손번영), 활(용맹, 남아상), 자, 가위(바느질, 여아상) 등을 놓아준다.

(5) 책례(冊禮)

책례는 아이가 서당에 다니면서 책을 한 권 끝냈다는 의식으로 백일상과 돌상에 올렸던 것과 같은 예쁘고 작은 모양의 오색송편을 준비한다.

(6) 관례(冠禮)

아이가 15세 이상이 되면 어른이 되었음을 상징하는 의식을 행했다.

남자는 땋았던 머리를 올려 상투를 틀어 관을 쓰고, 여자는 땋았던 머리를 올려 쪽을 찌고 비녀를 꽂는다고 하여 관례라고 하였다. 이때 잔칫상에는 술을 비롯한 여러 가지 안주용 음식과 국수장국, 떡, 조과, 생과, 식혜, 수정과 등을 올린다.

(7) 혼례(婚禮)

혼례식이 끝나면 신랑신부에게 큰상을 차려 축하하는데 이를 교배상이라고 한다. 혼례는 신랑신부가 부부의 인연을 맺게 되어 가지는 의식을 말하며 혼례음식은 봉채떡, 교배상, 폐백, 큰상 등으로 대별된다. 이들 교배상에 진설되는 물건들은 한 쌍의 촛대, 송죽가지를 꽂은 화병 두 개, 닭 한 쌍, 술과 쌀, 팥, 콩, 밤, 대추, 곶감, 삼색과일과 떡을 차린다 하여 망상이라고 한다. 신부가 신랑을 따라 시가에 와서 인사드리는 것을 폐백이라 하며 폐백상에는 신부집에서 미리 해 온 음식으로 집안에 따라 다르나 대개 대추와 편포 등을 홍색의 겹보자기에 싸는데 얽어 묶지 않고 보자기의 네 귀를 가운데로 모아 근봉(謹封)이라고 글을 쓴 간지로 겹보자기의 중간을 둘러서 붙인다.

(8) 큰상차림

초례를 치른 신랑신부를 축하하기 위하여 여러 가지 음식을 차려 놓은 상이다. 회갑, 희년, 회혼 등에도 차리는 것이다.

(9) 육순(六旬), 회갑(回甲), 진갑(進甲)

부모가 만 59세가 되면 육순이라 하여 예를 차리고 만 60세가 되면 회갑(환갑)이라 하여 성대한 연회를 차려 드린다. 혼례처럼 고배상을 차리고 자손들은 헌주하며, 손님들께 국수장국을 대접한다.

(10) 회혼(回婚)

혼례를 올리고 만 60년을 해로한 해를 회혼이라 한다. 혼례 때 차리는 큰상과 같다.

(11) 상례(喪禮)

부모님이 수(壽)를 다하여 운명하게 되면, 자손들은 경건하고 엄숙하게 예를 갖추어 의식 절차에 따라 장사를 지내게 되는 것을 상례라고 하며 음식은 산사람의 조석 밥상처럼 밥, 국, 김치, 나물, 구이, 조림 등으로 차린다.

(12) 제례(祭禮)

제례는 조상을 추모하여 토속적인 음식을 만들어 지내는 의식 절차이다. 제례는 매년 조상이 돌아가신 날에 기제를 지내고, 정월 초하루, 추석 등의 속절에 차례를 지낸다. 제례음식의 제수의 종류나 진설법은 지역이나 가풍에 따라 조금씩 차이가 있다.

한국의 절식과 시식 풍속

세시음식이란 일년 중 때때마다 만들어 먹는 음식으로 명절음식과 시절음식을 통틀어서 일컫는다. 명절식은 절일(혹은 명일)에 그 의미에 맞게끔 해먹는 음식을 말하며 시절식은 봄, 여름, 가을, 겨울의 각 계절에 나는 영양이 풍부한 재료를 이용하여 만드는 제철 음식을 말한다.

1. 정월 초하루

설은 일년의 시작이라는 뜻이다. 설날에는 차례상과 세배 손님 대접을 위해 여러 가지 음식을 준비하는데 이 음식들을 세찬이라 한다. 음식에는 떡국, 술, 족편, 각종 전유어, 정과류, 식혜, 수정과, 김치 등이 있다.

떡국을 끓일 때 예전에는 꿩고기를 많이 썼으나 지금은 소고기, 닭고기를 쓴다.

2. 입춘

봄이 시작하는 날로 집집마다 '입춘대길' 이라는 봄맞이 글귀를 써 붙였다.

움파, 산갓, 당귀싹, 미나리싹, 무 등으로 시고 매운 생채요리를 만들었다.

3. 정월 대보름

정월 대보름 저녁에 달을 보면 일년 동안의 운이 좋다고 하여 달맞이를 하며 달을 보고 소원을 빌기도 한다. 대보름 음식으로 오곡밥(쌀, 차조, 차수수, 팥, 콩)과 묵은 나물(취나물, 박고지, 고사리, 고비, 도라지, 말린 가지, 시래기 등), 복쌈, 약식, 원소병, 유밀과 등이 있고 부럼이라 하여 껍질이 단단한 견과(잣, 호두, 밤, 콩) 등을 준비하여 깨먹으면 일년 내내 부스럼이 없다고 하였다.

4. 중화절

중화절은 농사철의 시작을 기념하는 음력 2월 초하루를 조선시대 궁중에서 일컫던 이름이다. 이 날을 노비일, 머슴날 등으로 불렀으며, 송편을 만들어 노비들에게 나이 수만큼 먹이고 머슴들을 하루 쉬게 했다. 노비송편(소로 까만콩, 푸른콩, 팥 등을 사용)과 시래기 떡을 먹였으며 성인이 되는 일꾼들에게는 진사술이라 하여 막걸리를 대접하였다.

5. 3월 삼짇날

음력 3월 삼짇날은 들판에 나가 꽃놀이를 하고 새 풀을 밟으며 봄을 즐기기 때문에 붙여진 이름이다. 절식으로는 진달래 화전(두견화전), 진달래 화채, 탕평채, 오미자화채, 국수, 쑥떡 등이 있다.

6. 한식

동지로부터 105일째 되는 날로서 조상께 성묘하는 날이다. 성묘 갈 때 가지고 가는 음식은 약주, 과일, 포, 식혜, 떡, 국수, 탕, 적 등이다.

7. 춘절

탕평채와 수란 등의 춘절 음식이 있으며, 한강 하류 고양군 양주에서 나는 물고기로 회나 숭어 강정을 만들어 먹었다.

8. 사월초파일(등석절기)

석가모니 탄생을 경축하여 집집마다 등을 달고 손님을 초대하여 소찬을 차려 대접한다. 절식으로는 비빔국수, 송편, 전유어, 느티떡, 미나리강회, 볶은 검정콩, 미나리나물, 느티떡, 콩소림, 녹두 찰편, 쑥편, 화전, 주악, 석이단자, 신선로, 생실과 등이 있다.

9. 단오

음력 5월 5일로 여자들은 창포 달인 물로 머리를 감고 창포 뿌리를 머리에 꽂거나 그네놀이를 즐겼으며 남자들은 씨름을 즐겼다. 절식으로는 수리취떡, 제호탕, 도미찜, 어채, 앵두 화채 등이 있다.

10. 유두

음력 6월 보름에 동쪽으로 흐르는 냇가에 가서 머리를 감고 재앙을 물리친 다음, 음식을 차려서 물놀이를 했다. 절식으로는 떡수단, 증편, 편수, 보리수단, 상추쌈, 상화병, 연병 등이 있다.

11. 삼복

하지 후 셋째 경일을 초복, 넷째 경일을 중복, 입추 후 첫 경일을 말복이라 하며, 이를 삼복이라 한다. 더위를 잘 이겨내기 위해 여름에 땀을 많이 흘려 허약해진 몸을 보해주는 음식을 먹었다. 음식으로는 육개장, 삼계탕, 임자수탕, 염소탕, 규아상, 떡수단, 장김치, 열무김치 등이 있다.

12. 칠월칠석

음력 7월 7일로 아낙네들은 길쌈과 바느질을 해서 기원을 빌고 집집마다 옷과 책을 햇볕에 쪼여 거풍하는 관습이 있었다. 음식은 밀국수, 밀전병, 증편, 잉어구이, 취나물, 고비나물, 복숭아화채, 오이소박이 등이 있다.

13. 백중

7월 보름을 말하며 불교에서는 부처님 제자 중 효성이 지극한 목련비구를 기리고 조상의 혼을 천도하는 날이다. 음식으로는 채소, 과일, 술, 밥 등이 일반 제사상과 같이 올라가고 절식으로는 게장, 게찜, 두부, 순두부, 햇과일, 떡, 국수 등이 올라간다.

14. 추석, 한가위

추석은 음력 8월 보름으로 우리나라 큰 명절 중의 하나이다. 가배일, 중추절, 가위라고도 하는데 햇곡식을 추수하며 떡을 빚고, 밤, 대추, 감 등의 햇과일을 따서 조상께 예를 갖춰 성묘하는 날이다. 음식에는 햅쌀송편, 토란탕, 화양적, 지짐누름적, 닭찜, 배숙, 율란, 조란, 햇콩밥, 햇과일 등이 있다.

15. 중구

음력 9월 9일을 중구, 중광, 중양이라 하며 양수가 겹쳤다는 뜻으로 음식은 국화주, 국화전, 유자화채, 호박고지시루떡 등이 있다.

16. 10월 상달

우리 민족은 10월을 상달이라 하여 한 해 농사를 추수하고 햇곡식으로 제사상을 마련하여 감사하였다. 말(馬)날이나 길일을 택하여 제사를 지냈다. 음식으로는 무시루떡, 팥시루떡이 있다.

17. 동지 절식

예전에는 동짓날을 아세, 작은 설이라 하였다. 하지부터 짧아지는 낮시간이 동지에는 극한에 이르러 가장 짧아진다. 동지는 대개 양력 12월 22일에 해당하며 찹쌀가루로 새알을 빚어 나이 수대로 먹었고, 팥죽을 대문이나 벽에 뿌려 재앙을 쫓기도 했다. 음식으로는 경단, 식혜, 수정과, 동치미 등이 있다.

18. 섣달그믐

섣달을 납월이라 하며 1년의 마지막 날로 다음 날 새해 준비와 지난 한 해의 끝맺음을 하는 날이다. 이 날은 밤새도록 불을 밝히는 풍습이 있다. 음식은 골동반(비빔밥)으로, 소고기 볶음, 육회, 튀각, 갖은 나물과 밥에 참기름과 양념을 넣어 비벼 먹는 것이다. 이외에 떡국, 만두, 보쌈김치, 장김치, 주악, 식혜 등이 있다.

모양썰기

1. 반달 썰기

무, 표고버섯, 호박, 고구마, 감자 등을 원형으로 잘라 반달모양으로 썬다.

2. 은행잎 썰기

반달썰기하고 은행잎 모양으로 이등분해 썬다.

3. 채 썰기

무, 감자, 호박, 오이 등을 가로, 세로 0.2×5cm로 채 썬다.

4. 골패 썰기

무, 당근 등 재료를 길이대로 자른 다음 옆으로 납작하게 썬 것으로 2cm가 적당하다.

5. 막대 썰기

재료를 원하는 길이로 토막낸 다음 1cm 정도 굵기의 막대 모양으로 썬다.

6. 어슷 썰기

오이, 당근, 대파 등을 사선으로 어슷하게 썬다.

7. 나박 썰기

배추나 무를 가로, 세로 3×3cm, 두께 0.2cm 정도로 반듯하고 얇게 썬다.

8. 돌려 깎기

무, 오이, 호박 등을 5cm 길이로 잘라 껍질을 얇게 돌려가며 깎는다.

9. 둥근 썰기(원형 썰기, 통 썰기)

채소를 원하는 두께로 둥글게 썬다.

10. 깍둑 썰기

가로, 세로, 두께를 똑같이 2cm 크기의 네모 모양으로 썬다.

11. 마름모 썰기

둥근 재료를 골패 모양으로 자른 다음 얄팍하게 2cm 정도로 썬다.

12. 다져 썰기

파, 마늘, 당근, 오이를 토막내서 길이로 채 썬 뒤 다진다.

13. 저며 썰기(깎아 썰기)

오이나 우엉 등의 채소를 돌려가면서 깎아 썬다.

14. 빗살모양 썰기

사과나 양파 등 둥근 것은 세로로 반을 가른 후 가운데를 중심으로 세워 놓고 채 썬다.

15. 토막 썰기

파, 미나리의 가는 줄기를 여러 개 모아 적당한 길이로 끊는 듯이 썬다.

양념류

1. 파

양념으로 사용할 때는 파의 흰 부분만을 사용하는 것이 바람직하다.

2. 간장

음식의 간을 맞추는 기본 조미료로 장맛이 좋아야 맛있는 음식을 만들 수 있다. 국, 찌개, 나물을 만들 때는 색이 옅은 청장(국간장)으로 간을 하고 조림, 포, 육류 양념 등에는 묽은 간장(진간장)을 사용한다. 전유어나 적 종류에는 양념간장이나 초간장을 만들어 사용한다.

3. 된장

국이나 찌개, 무침, 쌈장에 이용한다. 국이나 찌개를 끓일 때 재래된장은 오래 끓일수록 감칠맛이 나고 개량된장은 살짝 끓여야 맛이 있다.

4. 생강

생강은 매운맛과 냄새가 강하며 양념으로는 물론 차, 한약 재료로도 많이 사용된다. 표피에 주름이 없고 싱싱한 것이 좋다. 생선의 비린내, 고기의 누린내를 없애는 데 효과가 크며 육류나 어류를 조리할 때에는 단백질이 응고한 후에 생강을 넣어야 방취 효과가 크다. 양념으로 사용할 때에는 곱게 다지거나 편으로 혹은 곱게 채 썰어 즙을 내어 사용하기도 한다.

5. 소금

간장과 함께 음식의 맛을 내는 데 없어서는 안 되는 기본 조미료로서 음식을 할 때 처음부터 넣게 되면 잘 무르지 않으므로 음식이 익은 다음에 넣는다. 소금과 설탕을 함께 사용할 경우에는 설탕을 먼저 넣는 것이 좋다.

6. 마늘

육류의 누린 냄새와 비린 냄새, 채소의 풋냄새를 가시게 할 뿐 아니라 방부성이 있다. 김치를 담글 때 없어서는 안 되는 조미료 중의 하나이다. 음식의 양념으로 사용할 때는 곱게 다져 사용하고 향신료나 고명으로 사용할 때는 통째로 쓰거나 상황에 따라 얇게 저미거나 곱게 채썰어 사용한다. 논마늘보다 밭마늘이 단단하고 좋다.

7. 고추장

고추장은 자체가 반찬이 되기도 하고 찌개나 무침, 쌈장 등에 이용된다.

8. 겨자

따뜻한 물에 개어 매운맛 성분이 많이 나게 하여 식초, 설탕, 소금을 넣어 섞어서 사용한다.

9. 기름

참기름은 참깨를 볶아서 짜낸 기름으로 향기가 독특하고 강하여 국이나 나물 무침에 사용한다. 들기름은 들깨를 볶아서 짜낸 기름으로 불포화지방산이 많아서 오래두면 산패되기

쉬우므로 빨리 먹는 것이 좋으며 나물을 볶을 때 사용한다.

10. 설탕

음식에 단맛을 내주는 양념이다.

11. 식초

신맛을 내는 조미료로 입맛을 돋워주며 음식을 상하지 않게 하는 방부제의 구실도 한다. 생선을 조리할 때 식초를 사용하면 비린내를 제거해 줄 뿐만 아니라 단백질의 응고 작용으로 생선의 살이 단단해지고 신선한 맛을 준다. 나물류를 무칠 때는 먹기 직전에 바로 사용하는 것이 좋다.

12. 산초가루

산초를 가루로 만든 것으로 비린내를 제거하는 성질이 있어 추어탕, 매운탕에 사용한다.

13. 조청·꿀

조청은 한과류와 밑반찬의 조미료로 많이 쓰인다. 꿀은 가장 오래된 천연감미료로 귀하게 쓰여 왔다. 강정, 정과, 유밀과 등의 한과를 만들 때 재료로 넣고 있다.

14. 깨소금

깨를 고루 볶아서 뜨거울 때 분마기에 넣고 약간만 빻는다. 너무 곱게 빻으면 음식이 지저분하게 될 우려가 있다. 고소한 풍미가 없어지지 않도록 보관한다. 통깨를 쓸 때도 있다.

15. 고춧가루

고춧가루는 용도에 따라 다른데, 고추장이나 조미료용으로는 곱게 빻고 김치, 깍두기용으로는 중간으로, 여름 풋김치용으로는 굵게 빻아 사용한다.

16. 후춧가루

후춧가루는 향미가 부드러우며 매운맛이 약하다. 생선음식에 주로 사용되며, 통후추는 맑은 국물을 만들 때 통째로 사용하기도 한다.

17. 계핏가루

계피를 빻아서 가루로 만든 것으로 편류, 유과류, 정과류, 강정류, 수정과에 많이 쓰이며 통계피는 향미만을 얻기 위해서도 많이 쓰인다.

18. 날콩가루

콩의 잡티를 제거한 뒤 깨끗이 씻는다. 물기를 말리고 가루로 빻아 봄나물국, 칼국수 등에 사용한다.

19. 멸치가루

질 좋은 국물용 멸치를 골라서 내장과 머리를 떼어낸다. 뜨겁게 달군 팬에 기름을 두르지 않고 볶아 비린내를 없앤다. 볶은 멸치는 분마기에 곱게 갈아 병에 보관하여 두고, 된장찌개, 육수 등을 끓일 때 사용하면 편리하다.

20. 새우가루

새우의 잡티를 골라낸 뒤 마른 면보에 비벼 수염과 다리를 떼어낸 후 뜨겁게 달군 팬에 볶는다. 분마기로 갈아 병에 담아 보관한다. 아욱국이나 죽 등에 사용하면 좋다.

21. 다시마가루

다시마 표면의 염분을 마른 면보로 잘 닦아낸 뒤 팬이나 석쇠에 타지 않게 잘 굽는다. 바삭해지면 분마기 등에 곱게 빻아 병에 담아두고 사용한다. 조림, 찌개, 국 등에 사용하면 좋고 맑은 국물에는 적당하지 않다.

고명

1. 잣

고깔을 떼고 그대로 사용하기도 하고 길이대로 반을 잘라서 비늘잣으로 만들거나 곱게 다져 잣가루를 만들어 쓰기도 한다. 통잣은 음료나 차에 띄워내며 여러 음식의 고명으로 쓴다.

2. 은행

속의 알이 상하지 않도록 겉껍질을 깨어 번철에 기름을 두르고 달궈서 소금과 함께 살짝 굴려서 볶아 은행 알이 파랗게 되면 흰 종이에 싸서 문질러 속껍질을 깨끗하게 벗긴다. 꼬치에 꿰어 마른안주로 사용한다.

3. 호두

겉껍질을 깨고 알맹이를 꺼내어 따뜻한 물에 잠시 담가 불려서 꼬치로 속껍질을 벗긴다. 기름에 튀기거나 곶감에 넣고 썰어서 마른안주로 사용하기도 하고 찜이나 신선로 등에 고명으로 사용한다.

4. 밤

껍질을 벗겨서 약밥에 사용하고 곱게 채 썰어 물김치에도 사용한다.

5. 대추

씨를 뺀 후 곱게 채 썰어서 꽃 모양을 만들어 떡이나 한과에 사용한다.

6. 알쌈

소고기를 곱게 다져 갖은 양념을 하여 콩알만하게 완자를 빚고 달걀을 풀어서 번철에 2~3cm 정도의 타원형으로 지진 다음 빚어놓는 소고기를 넣고 지진 달걀을 반달 모양으로 접어 부친다.

7. 실고추

건고추를 아주 얇게 채 썬 것으로 떡국의 고명으로 사용하기도 한다. 필요할 때 음식 위에 고명으로 얹는다.

8. 달걀지단

흰자와 노른자로 나누어 소금을 넣고 잘 저어 거품을 가라앉히거나 걷어낸다. 깨끗한 번철에 기름을 조금씩 두르고 약한 불에서 달걀을 부어 얇게 고루 퍼지도록 번철을 이리저리 기울여 가며 고루 익힌다. 식은 다음에 용도에 따라 마름모꼴이나 완자형, 또는 곱게 채 썰어 사용한다. 흰 지단이 잘 안 될 경우에는 녹말을 약간 풀어서 섞고, 기름이 많거나 번철을 너무 뜨겁게 달구면 지단이 깨끗하지 않게 된다.

9. 고기완자

기름기 없는 소고기를 다져 소금, 파, 마늘, 후춧가루, 참기름 등으로 양념하여 새알만하게 빚은 다음 밀가루를 입히고 달걀물을 씌워 기름 두른 번철에 굴려가며 깨끗하게 지진다. 완자탕이나 신선로에 사용한다.

10. 석이버섯

석이버섯은 미지근한 물에 불려 뒷면을 맞붙여 비벼서 깨끗이 씻고 배꼽을 뗀 후 돌돌 말아서 곱게 채 썰거나 마름모꼴로 썰어 용도에 맞게 사용한다. 바싹 말려서 곱게 만든 가루를 달걀흰자에 섞어 지단을 부쳐 전골이나 석이단자에 사용하기도 한다.

11. 느타리버섯

말린 느타리버섯을 깨끗이 씻은 후 미지근한 물에 담가 불리고 손으로 주물러 씻어 꼭 짠 후 버섯의 결대로 찢어 사용한다. 생 느타리버섯은 깨끗이 씻은 후 찢어서 사용한다.

12. 미나리 초대

미나리 잎과 뿌리를 떼어내고 깨끗하게 씻어서 위아래에 가지런히 꼬치로 꿴다. 밀가루와 달걀물을 씌워 번철에 지져낸 후 꼬챙이를 빼고 필요에 따라 마름모꼴이나 완자형으로 썰어서 사용한다.

식품의 계량

식품의 계량은 무게, 부피, 온도, 농도, 시간의 측정을 말하며 한국음식의 체계를 위해 좀 더 과학적인 방법으로 계량하는 것을 습관화해야 한다. 각종 식품 및 조미료 계량법은 다음과 같다.

1. 계량 도구

- **저울** : 무게를 달 때는 저울을 사용하며 눈금이 심세한 것이 오차가 적어 좋다.
- **계량컵** : 1컵은 물 200cc이며 1/2컵, 1/4컵 등으로 눈금이 있는 것이 좋다.
- **계량스푼** : 1Table Spoon(큰술)=1TS=물 15cc, 1tea spoon(작은술)=1ts=물 5cc
- **온도계** : 튀김 시 기름 온도를 측정할 때 사용한다.
- **비중계** : 간장을 담글 때 염도 측정용으로 사용한다.

2. 관습적인 계량단위의 환산

- 1LB(파운드)=454g
- 1LB=16OZ(온스)
- 1OZ(온스)=28.4g 약 30cc
- 1가마=5말, 1말=10되
- 1gal(갤런)=4쿼터=28L(리터)
- 1쿼터=2핀트=940mL=약 4컵
- 1되=1.8L=1.8kg(물의 경우)
- 1근=600g(육류), 375g(채소, 과일류)

식사 중의 예법

예전에는 식사 중에 이야기를 하지 않고 조용히 식사를 하는 관습이 있었으나 오늘에는 가족이나 친구들의 모임에서 담소하면서 다 함께 식사하는 경우가 많다.

즐거운 식사를 더욱 귀하고 기쁘게 하기 위해서는 식사 예법을 지키는 것이 필요하다.

- 웃어른과 함께 식사를 할 때에는 항상 웃어른이 수저를 든 다음에 식사를 시작한다.
- 숟가락과 젓가락을 한 손에 다같이 들지 말고, 젓가락을 사용할 때에는 숟가락을 상에 놓고 식사한다. 젓가락을 사용할 때 상 위에서 젓가락 끝을 맞추는 소리를 내지 않도록 주의한다.
- 숟가락이나 젓가락을 국그릇이나 반찬그릇 위에 걸쳐 놓지 않도록 하고 밥그릇이나 국그릇은 손으로 들고 먹지 않도록 한다.

- 입속에 음식을 너무 많이 넣지 말며, 입속에 음식을 넣은 채 말을 하는 일은 삼간다.
- 김치 국물이나 국 국물을 그릇째로 들어 마시는 것은 좋지 않으며, 숟가락으로 떠서 마시되 소리를 내지 않고 가만히 마시도록 한다.
- 식사 중에 기침이나 재채기가 나면 머리를 돌리고 손이나 손수건을 입에 대어 남에게 침이 튀거나 지저분한 것이 보이지 않도록 한다.
- 멀리 떨어져 있는 음식이나 양념이 필요할 때 자기 팔을 길게 뻗어 집어오지 않도록 하고 옆사람에게 집어 주기를 청하여 받는 것이 좋다.
- 밥이나 반찬을 뒤적거리지 않도록 한다. 젓가락으로 반찬에 붙은 고명을 털어내면서 먹는 일이 없도록 한다.
- 음식은 작은 접시에 덜어서 먹는다.
- 음식을 먹는 도중에 돌이나 가시가 있을 때에는 옆 사람이 보지 않게 조용히 뱉어 휴지에 싸서 버리도록 한다. 상 위의 그릇 뚜껑에 지저분하게 뱉어놓지 않도록 한다.
- 숭늉에 엄지손가락이 빠지지 않도록 두 손으로 들어 마시며 숭늉으로 입속을 양치하듯이 소리를 내어 마시는 일이 없도록 한다.
- 이쑤시개를 사용할 때는 남이 보지 않도록 입을 가리고 사용하며 사용한 이쑤시개는 아무데나 버리지 말고 남이 보지 않게 처리한다.
- 음식을 다 먹은 후에는 숟가락을 오른편에 가지런히 놓는다.
- 식사 중에는 되도록 즐거운 대화를 유도해야 한다.

제2장

한식조리기능사 실기

비빔밥

"갖은 나물과 고기를 얹어 기호에 따라 고추장에 비벼 먹는 일품요리이며 영양적으로 손색이 없는 훌륭한 음식이다. 궁중에서는 골동반이라 하여 섣달 그믐날에 먹기도 하였다."

요구사항

① 채소, 소고기, 황·백지단의 크기는 0.3cm×0.3cm×5cm로 써시오.
② 호박은 돌려깎기하여 0.3cm×0.3cm×5cm로 써시오.
③ 청포묵의 크기는 0.5cm×0.5cm×5cm로 써시오.
④ 소고기는 고추장 볶음과 고명에 사용하시오.
⑤ 담은 밥 위에 준비된 재료들을 색 맞추어 돌려 담으시오.
⑥ 볶은 고추장은 완성된 밥 위에 얹어 내시오.

유의사항

① 밥은 질지 않게 짓는다.

50분

재료

01 주재료

- 쌀(30분 정도 물에 불린 쌀) 150g
- 애호박(중, 길이 6cm) 60g
- 도라지(찢은 것) 20g
- 고사리(불린 것) 30g
- 청포묵(중, 길이 6cm) 40g
- 소고기(살코기) 30g
- 건다시마(5cm×5cm) 1장
- 달걀 1개
- 고추장 40g
- 식용유 30mL
- 대파(흰 부분, 4cm) 1토막
- 마늘(중, 깐 것) 2쪽
- 진간장 15mL
- 흰설탕 15g
- 깨소금 5g
- 검은 후춧가루 1g
- 참기름 5mL
- 소금(정제염) 10g

02 약고추장

- 고추장 1TS
- 흰설탕 1/2TS
- 다져 양념한 고기 10g
- 물 1TS
- 참기름 1/2TS

03 양념장(소고기, 고사리)

- 진간장 1TS
- 흰설탕 1/2TS
- 다진 대파 1ts
- 다진 마늘 1/2ts
- 후추 약간
- 깨소금 1/2ts
- 참기름 1/2ts

만드는 방법

1 재료 준비하기 | 재료는 깨끗이 씻어서 준비한다.

2 밥하기 | 불린 쌀은 물기를 뺀 후 쌀과 물의 비율을 1 : 1.2 정도로 하여 냄비에 안친다(10분 후 끓음). 중불로 4~5분 유지한 후 약불로 4~5분 동안 뜸을 들인다. 5~10분 후 그릇에 담는다.

3 대파, 마늘 손질 | 대파와 마늘은 곱게 다져서 1/2은 양념장을 만들고 1/2은 도라지, 호박 볶는 용으로 사용한다.

4 애호박 썰기 | 돌려깎기하여 0.3cm×0.3cm×5cm로 채 썰어 소금을 살짝 뿌려 절인 후 물기를 짜 둔다.

5 도라지 썰기 | 애호박과 같은 크기로 썰어 소금을 뿌려 물을 약간 넣고 주물러 씻어 쓴맛을 뺀다.

6 소고기 채 썰기와 다지기 | 소고기의 2/3는 채 썰고, 1/3은 다져서 양념하여 약고추장에 사용한다.

7 재료 썰기 | 청포묵은 0.5cm×0.5cm×5cm로 채 썰어 끓는 물에 살짝 데치고 찬물을 끼얹어 물기를 뺀 후 소금, 참기름으로 무쳐 둔다. 고사리는 딱딱한 줄기는 잘라내고 5cm 길이로 잘라 양념해둔다.

8 소고기, 고사리 양념 | 소고기와 고사리는 양념장으로 밑간한다.

9 지단 부쳐 썰기 | 달걀은 황·백으로 나누어 지단을 부쳐 0.3cm×0.3cm×5cm 길이로 채 썬다.

10 도라지, 애호박, 소고기, 고사리 볶기 | 팬에 식용유를 두르고 도라지, 애호박, 소고기, 고사리를 볶는다. 고사리는 물을 2TS 정도 넣어 부드럽게 볶고, 건다시마는 식용유에 튀겨서 잘게 부순다.

11 약고추장 만들기 | 팬에 양념한 다진 소고기를 볶다가 고추장, 설탕, 참기름, 물을 넣어 부드럽게 볶아준다.

12 담아 완성하기 | 밥 위에 준비한 재료를 색 맞추어 돌려 담은 뒤 약고추장, 튀긴 다시마를 얹어 낸다.

주의사항

① 쌀을 불릴 때 물의 분량은 쌀의 1.2배로 잡아야 한다.

② 모든 재료의 채 썰기는 곱게 해야 한다.

콩나물밥

"콩나물과 소고기를 양념하여 지은 밥으로, 갓 지은 밥은 바로 먹어야 콩나물의 제 맛을 볼 수 있다."

요구사항

① 콩나물은 꼬리를 다듬고 소고기는 채 썰어 간장양념을 하시오.

② 밥을 지어 전량 제출하시오.

유의사항

① 콩나물 손질 시 폐기량이 많지 않도록 한다.

② 소고기 굵기와 크기에 유의한다.

③ 밥물 및 불조절과 완성된 밥의 상태에 유의한다.

30분

재료

01 주재료

- 쌀(30분 정도 물에 불린 쌀) 150g
- 콩나물 60g
- 소고기(살코기) 30g
- 대파(흰 부분, 4cm) 1/2토막
- 마늘(중, 깐 것) 1쪽
- 참기름 5mL
- 진간장 5mL

02 소고기양념

- 간장 1ts
- 다진 대파 1/2ts
- 다진 마늘 1/4ts
- 참기름 1/4ts

만드는 방법

1. **재료 준비하기** | 재료는 깨끗이 씻어서 준비한다.
2. **쌀 씻어서 불리기** | 쌀은 깨끗이 씻어 불린 뒤 물기를 빼서 준비한다.
3. **콩나물 손질** | 콩나물은 껍질, 꼬리만 다듬고 씻어 물기를 제거한다.
4. **소고기 채 썰기** | 핏물을 빼고 0.2cm×0.2cm×5cm 정도 길이로 채 썰어 놓는다.
5. **양념장 만들기** | 진간장, 대파, 마늘, 참기름으로 양념장을 만든다.
6. **소고기 양념** | 양념을 조금만 넣어 무친다.
7. **밥 안치기** | 불린 쌀에 동량의 물을 넣어 냄비에 안치고 콩나물을 골고루 펼쳐 넣은 뒤 양념한 소고기를 콩나물 위에 올린다.
8. **밥하기** | 불을 켜고 약한 불에서 약 10분 정도 끓으면 살살 끓는 상태를 4분 유지시킨다. 아주 작은 불로 5분 유지하여 뜸을 들인 후 불을 끄고 5~10분 둔다.
9. **담아 완성하기** | 뜸이 다 들면 밥, 콩나물, 소고기가 골고루 섞이도록 주걱으로 섞어 그릇에 담는다. 젓가락으로 보슬보슬하게 담아 마무리 한다.

주의사항

① 끓을 때 뚜껑을 열면 콩 비린내가 난다.
② 콩나물에 수분이 많으므로 밥물을 흰밥보다 적게 넣는다.

장국죽

"육류와 함께 죽을 쑤어서 간장으로 색을 내고 소금으로 간을 한 음식으로, 어린아이의 이유식이나 노인과 회복기 환자의 영양식으로 좋다."

요구사항

① 불린 쌀을 반 정도로 싸라기를 만들어 죽을 쑤시오.
② 소고기는 다지고 불린 표고는 3cm의 길이로 채 써시오.

유의사항

① 쌀과 국물이 잘 어우러지도록 쑨다.
② 간을 맞추는 시기에 유의한다.
③ 소고기와 표고의 길이는 지급된 재료의 크기에 따라 가감한다.

30분

재료

01 주재료

- 쌀(30분 정도 물에 불린 쌀) 100g
- 소고기(살코기) 20g
- 건표고버섯(지름 5cm, 물에 불린 것) 1개
- 대파(흰 부분, 4cm) 1토막
- 마늘(중, 깐 것) 1쪽
- 진간장 10mL
- 국간장 10mL
- 깨소금 5g
- 검은 후춧가루 1g
- 참기름 10mL

02 양념(소고기, 표고버섯)

- 진간장 1ts
- 다진 대파 1/2ts
- 다진 마늘 1/4ts
- 후추 약간
- 깨소금 1/4ts
- 참기름 1/4ts

만드는 방법

1 재료 준비하기 | 재료는 깨끗이 씻어서 준비하고 건표고버섯은 뜨거운 물에 불려 놓는다.

2 쌀 씻어서 불리기 | 쌀은 깨끗이 씻어 불려 놓는다 .

3 양념장 만들기 | 진간장, 깨소금, 다진 마늘, 대파, 후추, 참기름으로 양념장을 만든다.

4 소고기 다지기 | 소고기는 다져둔다.

5 표고버섯 썰기 | 불린 표고버섯은 기둥을 떼고 0.3cm×0.3cm×5cm 길이로 채 썬다.

6 양념하기 | 소고기와 표고버섯을 양념한다.

7 쌀 빻기 | 쌀 크기가 1/2 정도로 부서지게 빻는다.

8 볶기 | 냄비에 참기름을 두르고 소고기, 표고버섯 순으로 넣고 볶다가 쌀을 넣어 볶는다.

9 끓이기 | 쌀 분량 6배의 물을 붓고 처음에는 강한 불에서 끓이다가 불을 낮추어 쌀이 퍼질 때까지 눌어붙지 않도록 가끔씩 나무주걱으로 저으면서 끓인다.

10 담아 완성하기 | 죽이 잘 퍼지면 국간장으로 색과 간을 맞춘 후 3국자 정도 그릇에 담아 표고버섯으로 장식하여 마무리한다.

주의사항

① 색에 유의한다.
② 내기 직전에 농도를 맞춘다.
③ 미리 간을 하면 죽이 삭게 되므로 마지막에 간을 맞춘다.
④ 죽이 되직할 경우 물을 끓여서 사용해야 물이 죽 위로 뜨는 것을 방지한다.

완자탕

“소고기에 으깬 두부를 섞어 완자를 만든 다음 육수에 끓인 맑은 탕이다. 완자탕은 교자상이나 주안상에 잘 어울리며 궁중에서는 '봉오리탕'으로, 민간에서는 '모리탕'이라 불렀다.”

요구사항

① 완자는 지름 3cm로 6개를 만들고, 국 국물의 양은 200mL 이상 제출하시오.

② 달걀은 지단과 완자용으로 사용하시오.

③ 고명으로 황·백지단(마름모꼴)을 각 2개씩 띄우시오.

유의사항

① 고기 부위의 사용 용도에 유의한다.

② 육수 국물을 맑게 처리하고 국물의 양에 유의한다.

30분

재료

01 주재료

소고기(살코기) 50g
소고기(사태 부위) 20g
달걀 1개
밀가루(중력분) 10g
두부 15g
소금(정제염) 10g
대파(흰 부분, 4cm) 1/2토막
마늘(중, 깐 것) 2쪽
깨소금 5g
검은 후춧가루 2g
참기름 5mL
흰설탕 5g
식용유 20mL
국간장 5mL
키친타월
(종이, 주방용, 소 18×20cm) 1장

02 완자양념

다진 마늘 1/2ts
다진 파 1ts
깨소금 1/2ts
후추 ..... 약간
참기름 1/2ts
흰설탕 1/2ts
소금 1/3ts

만드는 방법

1 **재료 준비하기** | 재료는 깨끗이 씻어서 준비한다.
2 **육수 끓이기** | 찬물에 사태와 대파 1/2토막, 마늘 1쪽을 넣고 끓인다.
3 **소고기 다지기** | 살코기는 곱게 다진다.
4 **두부 으깨기** | 물기를 짠 뒤 칼로 곱게 으깬다.
5 **소고기, 두부 양념하기** | 다진 소고기와 으깬 두부에 소금, 후추, 다진 파, 다진 마늘, 흰설탕, 깨소금, 참기름으로 양념한다.
6 **완자 만들기** | 반죽을 치대서 직경이 3cm인 완자를 6개 만든다.
7 **황·백지단 부치기** | 달걀을 노른자와 흰자로 분리하여 지단을 만들어 식힌 후 마름모꼴로 썬다.
8 **완자 밀가루 묻히기** | 밀가루가 남지 않을 정도로 조금만 넣고 살살 굴려준다.
9 **완자 달걀 묻히기** | 지단을 부치고 남은 달걀물을 조금만 넣고 골고루 묻힌다.
10 **완자 지지기** | 식용유를 닦은 팬에 완자를 넣어 굴려가며 지진다. 겉면이 살짝 익으면 팬의 이물질을 제거하고 식용유를 두르고 충분히 익혀준다.
11 **기름기 제거** | 키친타월로 기름기를 제거한다.
12 **육수 준비** | 육수를 면보에 거른 후 국간장으로 색을 내고, 소금으로 간을 맞추고 끓으면 완자를 넣어 잠시 끓인다.
13 **담아 완성하기** | 그릇에 담고 황·백지단을 올린다.

주의사항

① 지진 완자는 기름을 제거해야 국물이 맑아진다.
② 육수는 면보에 한 번 걸러서 사용한다.
③ 팬에 완자를 지질 때 기름을 조금만 사용해야 한다.
④ 완자용 소고기와 두부의 비율은 2:1이 적당하다.
⑤ 육수를 낼 때 소고기는 찬물에 넣어 끓인다.

생선찌개

"찌개는 건더기의 양이 국물보다 많은 국물요리로서 간을 하는 종류에 따라 고추장찌개, 된장찌개, 젓국찌개 등으로 나뉜다. 궁중에서는 '조치'라고 불렀다. 국보다 간이 세며 한국인의 밥상에는 빼 놓을 수 없는 요리에 속한다."

요구사항

① 생선은 4~5cm의 토막으로 자르시오.
② 무, 두부는 2.5cm×3.5cm×0.8cm로 써시오.
③ 호박은 0.5cm 반달형, 고추는 통 어슷썰기, 쑥갓과 파는 4cm로 써시오.
④ 고추장, 고춧가루를 사용하여 만드시오.
⑤ 각 재료는 익는 순서에 따라 조리하고, 생선살이 부서지지 않도록 하시오.
⑥ 생선머리를 포함하여 전량 제출하시오.

유의사항

① 각 재료의 익히는 순서를 고려하여 끓인다.
② 건더기와 국물의 양에 주의한다.

30분

재료

01 주재료

재료	분량
동태(300g)	1마리
무	60g
애호박	30g
쑥갓	10g
두부	60g
실파	40g(2뿌리)
풋고추(길이 5cm 이상)	1개
홍고추(생)	1개
마늘(중, 깐 것)	2쪽
생강	10g
고추장	30g
소금(정제염)	10g
고춧가루	10g

02 생선찌개 양념

재료	분량
고추장	1TS
고춧가루	1TS
마늘	1ts
생강	1/2ts
소금	1ts
물	4컵 정도

만드는 방법

1. **재료 준비하기** | 재료는 깨끗이 씻어서 준비한다.
2. **쑥갓 손질** | 쑥갓은 안쪽 어린잎을 4cm 크기로 손질하여 물에 담가 놓는다.
3. **생선 손질** | 생선은 지느러미와 비늘을 제거한 후 내장의 가식 부위를 골라낸다. 주둥이를 자른 후 배를 가르지 않고 5cm 정도로 토막내고 씻어서 접시에 담아 놓는다.
4. **무와 두부 썰기** | 무와 두부는 가로 2.5cm, 세로 3.5cm, 두께 0.8cm 크기로 썬다.
5. **애호박 썰기** | 애호박은 0.5cm 두께의 반달형으로 썬다.
6. **실파 썰기** | 실파는 4cm 길이로 썬다.
7. **홍고추, 풋고추 썰기** | 고추는 통으로 어슷하게 썰어 씨를 제거하고 마늘, 생강은 다진다.
8. **고추장 풀기** | 냄비에 물을 끓이다가 고추장과 고춧가루를 넣고 끓여준다.
9. **끓이기** | 물이 끓으면 손질해 놓은 무를 넣고 끓이다가 무가 반쯤 익으면 생선을 넣는다. 한소금 끓으면 나머지 재료와 생강, 마늘을 넣고 소금으로 간한다. 거품을 걷어 내면서 끓이다가 충분히 생선 맛이 우러나면 실파, 쑥갓을 넣고 불을 끈다. 쑥갓은 숨이 죽으면 바로 건져 놓는다.
10. **담아 완성하기** | 그릇에 재료를 담고 쑥갓을 위에 올려 모양내어 담아낸다.

주의사항

① 조리 시 단단한 것부터 익힌다.
② 찌개는 국보다 건더기가 많고 간이 조금 세다.
③ 간을 맞출 때 고춧가루와 소금을 적절히 사용한다.
④ 찌개를 끓일 때 생선을 나중에 넣어야 부서지지 않는다.

한국음식

두부젓국찌개

"새우젓국을 넣고 끓이는 맑은 찌개로 특히 음주 후 숙취해소에 좋다."

요구사항

① 두부는 2cm×3cm×1cm로 써시오.
② 홍고추는 0.5cm×3cm, 실파는 3cm 길이로 써시오.
③ 간은 소금과 새우젓으로 하고, 국물을 맑게 만드시오.
④ 찌개의 국물은 200mL 이상 제출하시오.

유의사항

① 두부와 굴의 익는 정도에 유의한다.
② 찌개의 간은 소금과 새우젓으로 하고, 국물이 맑고 깨끗하도록 한다.

20분

재료

01 주재료

재료	분량
두부	100g
생굴(껍질 벗긴 것)	30g
실파	20g(1뿌리)
홍고추(생)	1/2개
새우젓	10g
마늘(중, 깐 것)	1쪽
참기름	5mL
소금(정제염)	5g

만드는 방법

1 **재료 준비하기**| 재료는 깨끗이 씻어서 준비한다.

2 **굴 손질**| 굴은 연한 소금물에 흔들어 씻은 다음 굴 껍질을 골라 건져 놓는다.

3 **두부 썰기**| 두부의 폭과 길이를 2cm×3cm, 두께 1cm로 썬다.

4 **실파 썰기**| 실파는 3cm 길이로 썬다.

5 **홍고추 썰기**| 홍고추는 길이로 반으로 잘라 씨를 제거하고 0.5cm×3cm의 크기로 썬다.

6 **새우젓 짜기**| 새우젓은 다져서 국물을 짠다.

7 **마늘 다지기**| 마늘은 곱게 다져둔다.

8 **국물 잡고 간하기**| 냄비에 물 2컵 정도를 올려 끓여 새우젓으로 밑간한다.

9 **끓이기**| 소금으로 심심하게 간을 한 뒤 두부와 굴을 순서대로 넣는다. 끓으면 거품을 제거하면서 마늘과 홍고추, 실파를 넣고 불을 끄고 참기름을 한 두 방울 넣는다.

10 **담아 완성하기**| 그릇에 두부, 굴을 담고 국물을 부어 홍고추, 실파를 골고루 넣어준다.

주의사항

① 국물은 맑게 하기 위해서 오래 끓이지 않는다.
② 참기름 사용량이 많으면 안 된다.
③ 거품을 걷어낼 때는 찬물을 그릇에 담아 숟가락을 담갔다가 사용하면 좋다.
④ 홍고추와 실파는 오래 끓이면 색이 변한다.
⑤ 찌개는 국물보다 건더기가 많아야 한다.
⑥ 두부와 굴을 너무 오래 끓이면 국물색이 좋지 않고 시원한 맛이 없어진다.
⑦ 젓국찌개는 끓일 때 거품을 걷어내면서 끓여야 국물이 맑다.

제육구이

"돼지고기를 썰어 잔 칼집을 넣고 고추장 양념에 재워 석쇠에 구운 음식으로 육질이 부드럽고 풍미가 좋다."

요구사항

① 완성된 제육은 0.4cm×4cm×5cm로 하시오.
② 고추장 양념하여 석쇠에 구우시오.
③ 제육구이는 전량 제출하시오.

유의사항

① 구워진 표면이 마르지 않도록 한다.
② 구워진 고기의 모양과 색깔에 유의하여 굽는다.

30분

재료

01 주재료

돼지고기	
(등심살 또는 볼깃살)	150g
고추장	40g
흰설탕	15g
진간장	10mL
대파(흰 부분, 4cm)	1토막
마늘(중, 깐 것)	2쪽
검은 후춧가루	2g
깨소금	5g
참기름	5mL
식용유	10mL
생강	10g

02 고추장 양념장

고추장	2TS
흰설탕	1TS
진간장	1/2ts
다진 파	1ts
다진 마늘	1/2ts
생강즙	1/2TS
후추	약간
깨소금	1/2ts
참기름	1/2ts
물	약간

만드는 방법

1. **재료 준비하기** | 재료는 깨끗이 씻어서 준비한다.
2. **돼지고기 기름 제거** | 돼지고기는 핏물, 기름 등을 제거한다.
3. **고기 썰기** | 줄어들 것을 감안하여 결 반대로 0.4cm×5cm×6cm로 썰어 칼집을 넣고 칼등으로 자근자근 두드려 준다.
4. **고추장 양념 만들기** | 고추장, 설탕, 간장, 다진 파·마늘, 생강즙·후추·깨소금·참기름·물을 약간 넣고 양념장을 만든다.
5. **양념에 재우기** | 고기에 고추장 양념장을 골고루 묻혀 차곡차곡 겹쳐서 간이 배도록 15분 이상 재운다.
6. **굽기** | 석쇠에 식용유를 발라 달군 후 양념한 고기가 타지 않게 고루 익히면서 양념장을 덧바르며 굽는다.
7. **담아 완성하기** | 그릇에 제육구이를 겹쳐서 담아준다.

주의사항

① 고기가 오그라드는 것을 방지하기 위해 칼집을 넣는다.

② 양념은 2~3번으로 나누어 바르면서 굽는다.

③ 돼지고기가 너무 타지 않게 석쇠를 뒤집으면서 굽는다.

④ 고추장 양념장을 만들 때 간장이 많이 들어가면 색깔이 검어지므로 소량만 넣어준다.

한국음식

너비아니구이

" 소고기를 얇고 넓적하게 저며 칼등으로 고기를 손질한 뒤 간장양념을 하여 석쇠에 구운 요리이다. "

요구사항

① 완성된 너비아니는 0.5cm×4cm×5cm로 하시오.
② 석쇠를 사용하여 굽고, 6쪽 제출하시오.
③ 잣가루를 고명으로 얹으시오.

유의사항

① 고기가 연하도록 손질한다.
② 구워진 정도와 모양과 색깔에 유의한다.

25분

재료

01 주재료

- 소고기(안심 또는 등심) 100g
- 진간장 50mL
- 대파(흰 부분, 4cm) 1토막
- 흰설탕 10g
- 마늘(중, 깐 것) 2쪽
- 검은 후춧가루 2g
- 깨소금 5g
- 참기름 10mL
- 배 ...... 1/8개(50g)
- 식용유 10mL
- 잣(깐 것) 5개

02 양념장

- 진간장 2TS
- 흰설탕 1TS
- 다진 파 1ts
- 다진 마늘 1/2ts
- 후추 ...... 약간
- 깨소금 1/2ts
- 참기름 1/2ts
- 배즙 1TS

만드는 방법

1. **재료 준비하기** | 재료는 깨끗이 씻어서 준비한다.
2. **소고기 손질** | 핏물, 기름 등을 제거하고 가로, 세로 5cm×6cm, 두께 0.4cm 정도로 얇게 포를 떠서 칼로 자근자근 두드린다.
3. **배즙 내기** | 배를 껍질을 벗겨서 강판에 갈아 거즈로 배즙을 짠다.
4. **양념 만들기** | 간장, 설탕, 다진 파·마늘, 후추·깨소금·참기름, 배즙을 넣어 양념장을 만든다.
5. **고기 재우기** | 양념장에 고기를 한 장씩 재워 맛이 고루 배이도록 한다. 잣은 준비한 종이 위에 놓고 곱게 다져 보슬보슬하게 만든다.
6. **굽기** | 석쇠에 식용유를 바르고 달군 뒤 양념장에 재운 고기를 놓는다. 석쇠자국이 나지 않게 한쪽 석쇠를 들고 뒤집어가며 굽는데, 강한 불에서 약한 불로 천천히 굽는다.
7. **정리하기** | 자르지 않는 것이 좋으나 잘라야 하면 양념을 덧발라 둔다.
8. **담아 완성하기** | 구운 고기를 완성 접시에 담고 잣가루를 얹는다.

주의사항

① 약불에서 고기가 타지 않게 굽는다.
② 소고기를 결 반대로 썰어야 고기가 연하다.
③ 오그라드는 것을 방지하기 위해 칼등으로 많이 두들겨 준다.
④ 냉동된 고기의 경우 녹여서 핏물을 제거한 후 사용하면 색깔이 곱다.
⑤ 석쇠에 식용유를 발라 달군 후 사용해야 고기가 잘 달라붙지 않는다.
⑥ 고기 손질 후 양념에 재워 양념이 배게 한다.

더덕구이

"더덕을 반으로 가르고 두들겨 펴서 고추장양념을 바른 고급 반찬으로 구운 향기가 좋다."

요구사항

① 더덕은 껍질을 벗겨 사용하시오.
② 유장으로 초벌구이 하고, 고추장 양념으로 석쇠에 구우시오.
③ 완성품은 전량 제출하시오.

유의사항

① 더덕이 부서지지 않도록 두드린다.
② 더덕이 타지 않도록 굽는 데 주의한다.

30분

재료

01 주재료

- 통더덕(껍질 있는 것, 길이 10~15cm) 3개
- 진간장 10mL
- 대파(흰 부분, 4cm) 1토막
- 마늘(중, 깐 것) 1쪽
- 고추장 30g
- 흰설탕 5g
- 깨소금 5g
- 참기름 10mL
- 소금(정제염) 10g
- 식용유 10mL

02 유장

- 참기름 1TS
- 간장 1ts

03 고추장 양념

- 고추장 2TS
- 흰설탕 1TS
- 다진 파 1ts
- 다진 마늘 1/2ts
- 진간장 1/2ts
- 깨소금 1/2ts
- 참기름 1/2ts
- 물 .... 약간

만드는 방법

1 **재료 준비하기**| 재료는 깨끗이 씻어서 준비한다.

2 **더덕 껍질 벗기기**| 통더덕은 깨끗이 씻어 껍질을 돌려가며 벗긴다.

3 **더덕 자르기**| 부스러기나 흠을 제거하고 더덕을 길이로 반을 자른다.

4 **더덕 우리기**| 찬물에 소금을 약간 넣고 쓴맛과 아린 맛을 우려낸다.

5 **더덕 펼치기**| 더덕을 깨끗한 행주에 싸서 방망이를 이용하여 자근자근 두드리고 밀대로 밀어 가며 펼친다.

6 **유장 만들기**| 참기름 1TS, 간장 1ts의 비율로 유장을 만든다.

7 **초벌구이**| 유장을 발라 구울 때는 온도를 약간 올려서 굽는다.

8 **고추장 양념 만들기**| 고추장, 설탕, 다진 파·마늘, 간장·깨소금·참기름·물을 약간 넣어 고추장 양념을 만든다.

9 **굽기**| 석쇠에 식용유를 발라 낮은 불에서 천천히 굽는다.

10 **담아 완성하기**| 그릇에 가지런히 담아낸다.

주의사항

① 더덕을 소금물에 담구어 쓴맛을 제거한다.
② 윤기를 내기 위해 고추장 양념장을 2~3번 정도 바르면서 굽는다.
③ 참기름과 간장의 비율은 3:1로 하여 장을 만든다.
④ 태우지 않도록 약한 불에서 석쇠를 잘 뒤집어서 굽는다.
⑤ 더덕 길이가 짧으면 자르지 말고 그대로 사용하며, 굽고 나서도 자르지 않는다.

생선양념구이

"생선을 통째로 손질하여 애벌구이한 후 양념장을 발라 석쇠에 구운 요리로서 조기, 병어, 고등어, 청어 등을 사용한다."

요구사항

① 생선은 머리와 꼬리를 포함하여 통째로 사용하고 내장은 아가미쪽으로 제거하시오.
② 유장으로 초벌구이하고, 고추장 양념으로 석쇠에 구우시오.
③ 생선구이는 머리 왼쪽, 배 앞쪽 방향으로 담아내시오.

유의사항

① 석쇠를 사용하여 구우며 생선이 부서지지 않도록 유의한다.
② 생선을 담을 때는 방향을 고려해야 한다.

30분

재료

01 주재료

조기(100~120g)	1마리
진간장	20mL
대파(흰 부분, 4cm)	1토막
마늘(중, 깐 것)	1쪽
고추장	40g
흰설탕	5g
소금(정제염)	20g
깨소금	5g
참기름	5mL
검은 후춧가루	2g
식용유	10mL

02 유장

참기름	1TS
진간장	1ts

03 고추장 양념

고추장	2TS
흰설탕	1TS
다진 파	1ts
다진 마늘	1/2ts
진간장	1/2ts
후추	약간
깨소금	1/2ts
참기름	1/2ts
물	약간

만드는 방법

1 재료 준비하기 | 재료는 깨끗이 씻어서 준비한다.

2 생선 손질하기 | 꼬리에서 머리 쪽으로 긁어 비늘과 지느러미를 제거한다. 꼬리는 끝만 살짝 자르고, 배를 가르지 않고 아가미로 내장을 제거한다. 생선의 크기에 따라 대각선으로 칼집을 2~3번 넣어준다.

3 씻은 후 물기 제거 | 손질한 생선을 씻어서 행주로 물기를 제거하고 소금을 살짝 뿌려준다.

4 양념장 만들기 | 고추장, 흰설탕, 진간장·후추·깨소금·참기름·물을 약간 넣어 양념장을 만든다.

5 유장 만들어 바르기 | 참기름 1TS, 진간장 1ts의 비율로 유장을 만든다. 생선의 물기를 닦고 유장을 발라서 재워 놓는다.

6 초벌 굽기 | 식용유를 바른 석쇠를 잘 달군 후 유장 바른 생선을 초벌구이 한다.

7 양념구이 | 생선살이 거의 익으면 고추장 양념장을 발라서 타지 않게 잘 굽는다.

8 담아 완성하기 | 생선을 담을 때 머리는 왼쪽, 꼬리는 오른쪽, 배는 앞쪽으로 오게 담는다.

주의사항

① 생선의 내장은 아가미 쪽에서 제거한다.
② 생선살이 부서지지 않게 손질한 후 소금을 뿌려 둔다.
③ 애벌구이 시 생선을 2/3 이상 익혀야 고추장 양념이 타지 않는다.
④ 생선을 구울 때는 센 불보다는 중불에서 서서히 구워야 타지 않는다.

북어구이

" 북어를 물에 불려서 유장에 재우고 애벌구이한 후 고추장 양념장을 발라 구운 음식으로 맛이 담백하다. 생것은 명태, 건조한 것은 북어, 얼린 것은 동태라 한다. "

요구사항

① 구워진 북어의 길이는 5cm로 하시오.
② 유장으로 초벌구이 하고, 고추장 양념으로 석쇠에 구우시오.
③ 완성품은 3개를 제출하시오(단, 세로로 잘라 3/6토막 제출할 경우 수량부족으로 실격 처리).

유의사항

① 북어를 물에 불려 사용한다(이때 부서지지 않도록 유의한다).
② 북어가 타지 않도록 잘 굽는다.
③ 고추장 양념장을 만들어 북어에 무쳐서 재운다.

20분

재료

01 주재료

북어포(반을 갈라 말린 껍질이 있는 것, 40g)	1마리
진간장	20mL
대파(흰 부분, 4cm)	1토막
마늘(중, 깐 것)	2쪽
고추장	40g
흰설탕	10g
깨소금	5g
참기름	15mL
검은 후춧가루	2g
식용유	10mL

02 유장

참기름	1TS
진간장	1ts

03 고추장 양념

고추장	2TS
흰설탕	1TS
다진 대파	1ts
다진 마늘	1/2ts
진간장	1/2ts
후추	약간
깨소금	1/2ts
참기름	1/2ts
물	약간

만드는 방법

1. **재료 준비하기** | 재료는 깨끗이 씻어서 준비한다.
2. **북어 손질** | 북어는 씻어 부드럽게 되면 머리, 뼈, 가시, 지느러미를 제거하여 6cm 길이 3토막으로 잘라 껍질 쪽에 칼집을 낸다.
3. **유장 만들기** | 참기름 1TS, 간장 1ts의 비율로 유장을 만든다.
4. **유장 바르기** | 유장을 조금씩 골고루 바른다.
5. **초벌구이** | 유장 바른 북어를 석쇠에 올려서 약한 불에서 천천히 구워 준다.
6. **고추장 양념 만들기** | 고추장, 설탕, 다진 파·마늘 약간, 간장·후추·깨소금·참기름·물을 약간 넣어 양념을 만든다. 북어에 고추장 양념을 골고루 바른 다음 석쇠에 올려 낮은 온도에서 천천히 구워준다.
7. **담아 완성하기** | 그릇에 머리 쪽부터 순서대로 겹쳐 놓는다.

주의사항

① 북어는 지느러미와 가시부분을 완전히 제거한다.

② 고추장이 될 경우는 물을 조금 첨가하며 간장을 많이 사용하면 색이 탁하므로 유의한다.

한국음식

섭산적

"으깬 두부와 다진 소고기를 끈기 있게 치댄 후 반대기를 지어 석쇠에 구운 산적의 일종이다. 섭산적에 간을 싱겁게 한 후 간장, 설탕, 물을 넣고 조린 것을 장산적이라 한다."

요구사항

① 고기와 두부의 비율을 3:1로 하시오.
② 다져서 양념한 소고기는 크게 반대기를 지어 석쇠에 구우시오.
③ 완성된 섭산적은 0.7cm×2cm×2cm로 9개 이상 제출하시오.

유의사항

① 다져서 양념한 소고기는 크게 반대기를 지어 구운 뒤 자른다.
② 고기가 타지 않도록 유의한다.

30분

재료

01 주재료

- 소고기(살코기) 80g
- 두부 30g
- 대파(흰 부분, 4cm) 1토막
- 마늘(중, 깐 것) 1쪽
- 소금(정제염) 5g
- 흰설탕 10g
- 깨소금 5g
- 참기름 5mL
- 검은 후춧가루 2g
- 잣(깐 것) 10개
- 식용유 30mL

02 고기 양념

- 소금 1/3ts
- 다진 파 1/2ts
- 다진 마늘 1/4ts
- 흰설탕 1/2ts
- 참기름 1/4ts
- 후추 .... 약간
- 깨소금 1/4ts

만드는 방법

1. **재료 준비하기** | 재료는 깨끗이 씻어서 준비한다.
2. **소고기 다지기** | 기름기 없는 우둔살이나 대접살을 준비하여 핏물을 제거한 후 곱게 다진다.
3. **고기 물기 제거** | 다진 고기는 면보로 물기를 제거한다.
4. **두부 물기 짜서 으깨기** | 두부는 면보에 물기를 꼭 짠 후 칼등으로 으깨어 준다.
5. **양념하기** | 고기, 두부, 다진 파, 다진 마늘, 소금, 흰설탕, 후추, 깨소금, 참기름을 넣어 양념하고 잘 치대준다.
6. **모양 만들기** | 양념한 고기를 놓고 9cm×9cm×0.5cm가 되게 모양을 만든 다음 칼 바닥을 이용해 평평하게 고른다. 가로 세로로 잔 칼집을 넣는다.
7. **굽기** | 석쇠에 식용유를 발라 고기를 올려 타지 않게 고루 익힌다. 잣은 준비한 종이 위에 놓고 잘게 다져 보슬보슬하게 만든다.
8. **자르기** | 구운 섭산적이 식으면 가장자리를 정리하고 0.7cm×2cm×2cm 크기로 썬다.
9. **담아 완성하기** | 그릇에 담고 잣가루를 뿌려낸다.

주의사항

① 소고기는 곱게 다지고 두부는 입자 없이 으깬 다음 끈기가 나도록 많이 치대야 표면이 울퉁불퉁하지 않으면서 매끄러우며 부서지지 않는다.

② 반대기를 만들 때 호일이나 랩을 사용하면 표면이 매끄럽다.

③ 석쇠를 미리 달군 후 기름을 발라서 굽고 한 면이 완전히 익을 때까지 구운 뒤 뒷면을 구워야 부서지거나 갈라지지 않는다.

④ 구운 고기는 완전히 식혀서 잘라야 모양이 부서지지 않고 정갈하다.

화양적

"소고기, 도라지, 표고버섯, 오이, 당근 등을 볶아서 색을 맞추어 산적 꼬치에 꿰어 만든 누름적이다. 교자상이나 상차림에 잘 어울린다."

요구사항

① 화양적은 0.6cm×6cm×6cm로 만드시오.
② 달걀노른자로 지단을 만들어 사용하시오.
(단, 달걀흰자 지단을 사용하는 경우 실격 처리)
③ 화양적은 2꼬치를 만들고 잣가루를 고명으로 얹으시오.

유의사항

① 통도라지는 쓴맛을 잘 뺀다.
② 재료의 크기는 일정하게 하고 재료 간의 색 조화가 잘 이루어지도록 한다.

35분

재료

01 주재료

- 소고기(살코기, 길이 7cm) 50g
- 건표고버섯(지름 5cm, 물에 불린 것) 1개
- 당근(곧은 것, 길이 7cm) 50g
- 오이(가늘고 곧은 것, 길이 20cm) 1/2개
- 통도라지(껍질 있는 것, 길이 20cm) 1개
- 산적꼬치(길이 8~9cm) 2개
- 진간장 5mL
- 대파(흰 부분, 4cm) 1토막
- 마늘(중, 깐 것) 1쪽
- 소금(정제염) 5g
- 흰설탕 5g
- 깨소금 5g
- 참기름 5mL
- 검은 후춧가루 2g
- 잣(깐 것) 10개
- 달걀 2개
- 식용유 30mL

02 양념(소고기, 표고버섯)

- 진간장 1ts
- 흰설탕 1/2ts
- 다진 파 1/2ts
- 다진 마늘 1/4ts
- 후추 .... 약간
- 깨소금 1/4ts
- 참기름 1/4ts

만드는 방법

1. **재료 준비하기** | 재료는 깨끗이 씻어서 준비한다.
2. **도라지 손질** | 도라지는 껍질을 돌려가며 벗긴 다음 6cm로 잘라 0.6cm×6cm×1cm로 썰어 소금물에 절인다.
3. **오이 썰기** | 오이는 6cm로 잘라 0.6cm×6cm×1cm로 썰어 소금을 뿌려 절인다.
4. **당근 썰기** | 6cm로 잘라 0.6cm×6cm×1cm로 썬다.
5. **소고기 썰기** | 0.6cm×7cm×1cm로 잘라 칼끝으로 콕콕 칼집을 넣어 칼등으로 두드린다.
6. **표고버섯 썰기** | 불린 표고버섯은 밑동을 잘라내고 물기를 제거한 후 0.6cm×6cm×1cm로 잘라 놓는다.
7. **양념장 만들기** | 진간장, 흰설탕, 후추·깨소금·참기름을 넣어 양념장을 만들고 소고기와 표고버섯을 양념한다.
8. **달걀노른자 지단 만들기** | 달걀노른자에 소금을 약간 넣고 0.6cm 두께로 부쳐 다른 재료들과 같은 크기로 썬다(달걀흰자는 사용하지 않음).
9. **도라지, 당근 데치기** | 도라지와 당근을 소금물에 살짝 데쳐 찬물에 헹궈준다.
10. **볶기** | 팬에 식용유를 두르고 오이, 도라지, 당근, 표고버섯, 소고기 순으로 각각 볶는다. 잣은 종이 위에 두고 고깔을 떼어 곱게 다진다.
11. **꼬치 끼우기** | 산적꼬치에 재료를 색 맞추어 끼워 꼬치 양쪽이 1cm 정도 남도록 한다(2꼬치 모두 재료의 배열 순서가 같도록 한다.).
12. **담아 완성하기** | 그릇에 화양적을 담고 잣가루를 뿌려낸다.

주의사항

① 도라지의 쓴맛은 소금물로 씻어서 제거한다.
② 오이를 볶을 때 센 불에서 단시간 볶아야 색이 선명하다.

지짐누름적

" 소고기와 도라지, 당근, 표고버섯, 실파 등을 색을 맞추어 꼬치에 꿴 다음 밀가루, 달걀을 입혀 팬에 지져내는 고급요리이다. 지짐누름적은 눌러가며 지져낸다는 뜻이다. "

요구사항

① 각 재료는 0.6cm×1cm×6cm로 하시오.

② 누름적의 수량은 2개를 제출하고, 꼬치는 빼서 제출하시오.

유의사항

① 각각의 준비된 재료는 조화 있게 끼워서 색을 잘 살릴 수 있도록 지진다.

② 당근과 도라지는 기름으로 볶으면서 소금으로 간을 한다.

35분

재료

01 주재료

- 소고기(살코기, 길이 7cm) ... 50g
- 건표고버섯(지름 5cm, 물에 불린 것) ... 1개
- 당근(곧은 것, 길이 7cm) ... 50g
- 통도라지(껍질 있는 것, 길이 20cm) ... 1개
- 쪽파(중) ... 2뿌리
- 밀가루(중력분) ... 20g
- 달걀 ... 1개
- 참기름 ... 5mL
- 산적꼬치(길이 8~9cm) ... 2개
- 식용유 ... 30mL
- 소금(정제염) ... 5g
- 진간장 ... 10mL
- 대파(흰 부분, 4cm) ... 1토막
- 마늘(중, 깐 것) ... 1쪽
- 검은 후춧가루 ... 2g
- 흰설탕 ... 5g
- 깨소금 ... 5g

02 소고기 양념

- 진간장 ... 1ts
- 흰설탕 ... 1/2ts
- 다진 파 ... 1/2ts
- 다진 마늘 ... 1/4ts
- 참기름 ... 1/4ts
- 후추 ... 약간

03 표고버섯 양념

- 진간장 ... 1/2ts
- 설탕 ... 1/2ts
- 참기름 ... 1/2ts

만드는 방법

1. **재료 준비하기** | 재료는 깨끗이 씻어서 준비한다.
2. **표고버섯 불리기** | 끓인 물에 표고버섯을 불린다.
3. **도라지 손질** | 껍질을 돌려 깐 다음 6cm로 잘라 0.6cm×1cm×6cm로 썰어 소금물에 절인다.
4. **당근 썰기** | 6cm로 잘라 0.6cm×1cm×6cm로 썬다.
5. **쪽파 썰기** | 6cm로 썰어 소금, 참기름에 무쳐 놓는다.
6. **소고기 썰기** | 핏물을 제거하고 0.6cm×1cm×6cm로 썰어 잔 칼집을 넣는다.
7. **표고버섯 썰기** | 불린 표고버섯은 기둥을 떼고 길이 0.6cm×1cm×6cm로 썬다.
8. **양념장 만들기** | 소고기는 간장, 설탕, 다진 파·마늘, 참기름을 약간 넣은 양념장으로 무친다.
9. **표고버섯 간하기** | 표고버섯은 진간장·흰설탕·참기름으로 무친다.
10. **당근, 도라지 데치기** | 당근, 도라지는 소금물에 데쳐 놓는다.
11. **볶기** | 도라지, 당근 순으로 소금을 살짝 넣고 볶는다. 소고기, 표고버섯도 볶아 놓고 고기는 익으면 오그라들기 때문에 다시 한 번 같은 폭이 되도록 자른다.
12. **꼬치 끼우기** | 꼬치를 다듬어 색을 맞추어 끼워준 다음 아래 위를 잘라 같은 길이로 자른다. 달걀노른자에 흰자 1TS 정도를 섞어 소금을 넣어 잘 풀은 후 체에 내린다.
13. **지지기** | 밀가루, 달걀 순으로 묻히고 팬에서 파가 숨이 죽을 정도로 익힌 뒤 식으면 키친타월 처리 후 꼬치를 뺀다.
14. **담아 완성하기** | 그릇에 보기 좋게 담는다.

주의사항

① 덧가루 사용을 적게 해서 색을 드러나게 한다.
② 팬에 지질 때 뒷면을 먼저 굽고 앞면을 살짝 굽는다.
③ 뒷면에 밀가루를 더 많이 묻혀야 모양이 잘 잡힌다.
④ 꼬치는 식은 후에 빼야 모양새가 흐트러지지 않는다.
⑤ 길이를 일정하게 한다.

풋고추전

"풋고추의 씨를 빼고 길이대로 잘라 뜨거운 물에 담가 두었다가 소를 채워 지져낸 음식이다."

요구사항

① 풋고추는 먼저 5cm 길이로, 소를 넣어 지져내시오.

② 풋고추는 잘라 데쳐서 사용하며, 완성된 풋고추전은 8개를 제출하시오.

유의사항

① 완성된 풋고추전의 색에 유의한다.

25분

재료

01 주재료

- 풋고추(길이 11cm 이상) 2개
- 소고기(살코기) 30g
- 두부 15g
- 밀가루(중력분) 15g
- 달걀 1개
- 대파(흰 부분, 4cm) 1토막
- 검은 후춧가루 1g
- 참기름 5mL
- 소금(정제염) 5g
- 깨소금 5g
- 식용유 20mL
- 흰설탕 5g
- 마늘(중, 깐 것) 1쪽

02 고기소 양념

- 다진 파 1/2ts
- 다진 마늘 1/4ts
- 흰설탕 1/2ts
- 소금 1/3ts
- 후추 ...... 약간
- 깨소금 1/4ts
- 참기름 1/4ts

만드는 방법

1. **재료 준비하기** | 재료는 깨끗이 씻어서 준비한다.
2. **고추 손질하기** | 풋고추는 세로로 반 갈라 씨를 제거한 후 5cm 정도 길이로 자르고, 끓는 소금물에 살짝 데쳐 찬물에 헹궈 물기를 닦는다.
3. **두부 으깨기** | 두부는 면보에 물기를 꼭 짜서 칼등으로 밀어서 으깬다.
4. **소고기 다지기** | 소고기는 핏물을 제거하여 곱게 다진다.
5. **양념하기** | 소고기와 두부를 합해 다진 파·마늘, 설탕·소금·후추·깨소금·참기름을 약간 넣어 양념하여 치댄다.
6. **고추 속에 밀가루 묻히기** | 손질한 고추 안쪽에 밀가루를 살짝 뿌리고 털어낸다.
7. **소 넣기** | 소를 채운다.
8. **밀가루 묻히기** | 밀가루를 묻히고 살살 만져서 매끈하게 정리한다.
9. **달걀 묻히기** | 달걀은 노른자에 흰자를 1TS 정도 넣고 소금을 넣어 잘 풀어 체에 내려 소 쪽에만 달걀물이 옆으로 흐르지 않도록 묻힌다. 식용유를 두른 팬에 약한 불로 노릇하게 지진다.
10. **담아 완성하기** | 그릇에 보기 좋게 담는다.

주의사항

① 밑면의 색이 너무 노릇하게 하지 않으며 고추의 푸른색을 유지하도록 한다.
② 소를 나누어 8개로 준비해 두면 모양이 가지런하다.
③ 풋고추 등쪽에 밀가루나 달걀이 묻지 않아야 깨끗하다.
④ 자른 모서리에 밀가루, 달걀물을 입혀 지져 주면 모양새가 더 얌전하다.

한국음식

표고전

"불린 표고버섯에 소고기 완자소를 붙여서 밀가루와 달걀물을 입힌 후 지진 음식이다."

요구사항

① 표고버섯과 속은 각각 양념하여 사용하시오.
② 표고전은 5개를 제출하시오.

유의사항

① 표고버섯의 색깔을 잘 살릴 수 있도록 해야 한다.
② 고기가 완전히 익도록 해야 한다.

20분

재료

01 주재료

건표고버섯(지름 2.5~4cm)	5개
소고기(살코기)	30g
두부	15g
밀가루(중력분)	20g
달걀	1개
대파(흰 부분, 4cm)	1토막
검은 후춧가루	1g
참기름	5mL
깨소금	5g
마늘(중, 깐 것)	1쪽
진간장	5mL
흰설탕	5g
소금(정제염)	5g
식용유	20mL

02 고기소 양념

다진 파	1/2ts
다진 마늘	1/4ts
소금	1/3ts
흰설탕	1/2ts
깨소금	1/4ts
후추	약간
참기름	1/4ts

03 표고버섯 밑간(유장)

간장	1ts
참기름	1/2ts
흰설탕	1/2ts

만드는 방법

1. **재료 준비하기** | 재료는 깨끗이 씻어서 준비한다.
2. **표고버섯 불리기** | 물을 끓여 표고버섯을 불린다.
3. **두부 으깨기** | 두부의 물기를 짜서 칼로 밀어 으깬다.
4. **소고기 다지기** | 소고기는 핏물을 제거한 후 곱게 다진다.
5. **소고기 양념하기** | 소고기와 두부를 합하여 다진 파·마늘, 소금·설탕·깨소금·후추·참기름 약간 넣고 양념하여 골고루 치댄다.
6. **표고버섯 손질** | 불린 표고버섯은 기둥을 떼고 면보에 살짝 눌러 물기를 짠다.
7. **표고버섯 간하기** | 간장, 참기름, 흰설탕을 섞어 표고버섯 밑간을 한다.
8. **표고버섯에 밀가루 묻히기** | 표고버섯 안쪽에 밀가루를 살짝 발라준다.
9. **소 넣기** | 양념한 고기소를 편편하게 채운다.
10. **밀가루 묻히기** | 밀가루를 묻히고 살살 눌러 매끈하게 정리한다.
11. **달걀 묻히기** | 달걀은 노른자에 흰자를 1TS 정도 섞어 소금을 약간 넣어 잘 풀은 후 체에 내려 준비하고 옆으로 흐르지 않게 살짝 묻힌다.
12. **지지기** | 팬이 달궈지면 높지 않은 온도에서 팬의 가장자리에 달걀물이 흐르지 않게 소가 채워진 부분부터 지지고 뒷면도 살짝 익힌다.
13. **담아 완성하기** | 완성된 표고전 윗면에 기름을 살짝 묻히고 그릇에 보기 좋게 담는다.

주의사항

① 속을 많이 넣으면 모양이 좋지 않다.
② 두부를 곱게 하려면 체를 내린다.
③ 소고기와 두부의 비율이 2:1이면 적당하다.
④ 표고버섯의 겉 표면에 칼집을 내어 꽃 모양을 내기도 한다.

생선전

"주로 흰살 생선을 사용하여 포를 떠서 소금, 후추로 간을 한 후 밀가루, 달걀물을 입혀 지진 음식으로 전유어, 전유화, 전, 저냐라고도 한다."

요구사항

① 생선전은 0.5cm×5cm×4cm로 하시오.
② 달걀은 흰자, 노른자를 혼합하여 사용하시오.
③ 생선전은 8개 제출하시오.

유의사항

① 생선살이 부서지지 않도록 한다.
② 달걀옷이 떨어지지 않도록 한다.

25분

재료

01 주재료

동태(400g)	1마리	흰 후춧가루	2g	식용유	50mL
소금(정제염)	10g	밀가루(중력분)	30g		
		달걀	1개		

만드는 방법

1. **재료 준비하기** | 재료는 깨끗이 씻어서 준비한다.
2. **생선 손질** | 생선의 비늘을 제거하고 머리는 잘라낸 뒤, 배를 갈라 내장과 내장 안쪽의 섬은 막까지 제거한 다음 깨끗이 씻는다. 껍질 쪽이 밑으로 가도록 두고 꼬리 쪽에 칼을 넣어 조금 떠 벗겨진 껍질을 왼손에 잡은 상태에서 칼을 밀어 껍질을 잡아당겨 가며 제거한다.
3. **3장 뜨기** | 껍질 쪽이 도마에 닿게 해서 꼬리 쪽부터 칼을 뉘어서 포를 뜬다.
4. **포 뜨기** | 손질된 생선살은 0.5cm×5.5cm×4.5cm가 되도록 포를 떠서 소금, 후추로 간한다. 달걀노른자에 흰자를 반 정도 섞고 소금을 넣어 잘 풀어 체에 내린다.
5. **밀가루 묻히기** | 생선살을 마른 면보로 눌러 준 후 밀가루를 고루 묻힌다.
6. **달걀 묻히기** | 달걀물을 골고루 묻힌다.
7. **지지기** | 기름 두른 팬에서 노릇하게 지져낸다.
8. **담아 완성하기** | 그릇에 8쪽을 보기 좋게 담는다.

주의사항

① 도마를 깨끗이 하여 물기를 닦고 포를 떠야 생선살이 부서지지 않는다.
② 매끄럽게 하기 위해 포를 깨끗이 떠야 하며 지질 때 달군 팬 위에 배 쪽이 먼저 닿도록 한다.
③ 밀가루를 고루 묻혀 털어 내고 노른자로 지져야 색이 곱고 모양도 얌전하다.

육원전

“소고기를 곱게 다져 물기를 짠 두부와 섞어 둥글납작하게 완자를 빚어 지진 음식으로 돈전, 동그랑땡, 완자전이라고도 한다.”

요구사항

① 육원전은 지름 4cm, 두께 0.7cm가 되도록 하시오.
② 달걀은 흰자, 노른자를 혼합하여 사용하시오.
③ 육원전은 6개를 제출하시오.

유의사항

① 고기와 두부의 배합이 맞아야 한다.
② 전의 속까지 잘 익도록 한다.
③ 모양이 흐트러지지 않아야 한다.

20분

01 주재료

소고기(살코기)	70g
두부	30g
밀가루(중력분)	20g
달걀	1개
대파(흰 부분, 4cm)	1토막
검은 후춧가루	2g
참기름	5mL
소금(정제염)	5g
마늘(중, 깐 것)	1쪽
식용유	30mL
깨소금	5g
흰설탕	5g

02 육원전 양념

다진 파	1/2ts
다진 마늘	1/4ts
소금	1/3ts
흰설탕	1/4ts
깨소금	1/4ts
후추	약간
참기름	1/4ts

만드는 방법

1. **재료 준비하기** | 재료는 깨끗이 씻어서 준비한다.
2. **소고기 다지기** | 기름기를 제거하고 곱게 다져 물기를 제거한다.
3. **두부 으깨기** | 면보에 물기를 짜서 칼등으로 밀어 으깬다.
4. **양념하기** | 파·마늘을 곱게 다져 고기와 두부는 3:1로 넣고 다진 파·마늘, 소금·흰설탕·깨소금·후추·참기름 약간으로 양념한다.
5. **완자 만들기** | 소고기와 두부를 합하여 양념을 넣고 고루 섞어 끈기가 나도록 치댄다. 일정량씩 떼어 동그랗게 빚어준 다음 손으로 살짝 눌러 두께 0.5cm, 지름 4.5cm 원형의 완자를 만든다.
6. **밀가루 묻히기** | 밀가루를 묻히고 다시 표면을 매끄럽게 만져 준다.
7. **달걀 묻히기** | 달걀은 노른자에 흰자 1TS 정도 넣고 소금을 넣어 체에 내려 완자를 묻힌다.
8. **지지기** | 팬에 식용유를 약간 두르고 약한 불에서 지지고 어느 정도 익으면 가장자리도 익혀준다.
9. **담아 완성하기** | 그릇에 육원전 6개를 담아낸다.

주의사항

① 완자의 크기가 고르게 하고 지질 때 불을 약하게 한다.
② 소고기에 소금 간을 하면 물이 생기지 않는다.
③ 전은 밀가루를 골고루 적게 묻혀야 모양이 좋고, 색에 유의한다.

두부조림

"두부에 소금을 뿌려 물기를 제거하고 기름으로 노릇하게 지진 다음 간장양념에 조린 음식으로 궁중에서는 조림을 '조리개'라고' 불렀다."

요구사항

① 두부는 0.8cm×3cm×4.5cm로 써시오.
② 8쪽을 제출하고 촉촉하게 보이도록 국물을 약간 끼얹어 내시오.
③ 실고추와 파채를 고명으로 얹으시오.

유의사항

① 두부가 부서지지 않고 질기지 않게 한다.
② 조림은 색깔이 좋고 윤기가 나도록 한다.

25분

재료

01 주재료

재료	분량
두부	200g
소금(정제염)	5g
대파(흰 부분, 4cm)	1토막
실고추	1g
식용유	30mL
검은 후춧가루	1g
참기름	5mL
마늘(중, 깐 것)	1쪽
진간장	15mL
깨소금	5g
흰설탕	5g

02 양념장

재료	분량
진간장	1TS
흰설탕	1/2TS
다진 파	1ts
다진 마늘	1/2ts
후추	약간
깨소금	1/2ts
참기름	1/2ts
물	100mL

만드는 방법

1 재료 준비하기| 재료는 깨끗이 씻어서 준비하고 실고추와 흰파 부분은 2cm로 잘라 따로 담아둔다.

2 두부 썰기| 0.8cm×3cm×4.5cm 정도로 네모지게 썰어 소금을 뿌려 둔다.

3 양념장 만들기| 진간장, 흰설탕, 다진 마늘, 깨소금, 참기름, 검은 후춧가루, 물로 양념장을 만든다.

4 두부 지지기| 두부의 물기를 닦고 식용유를 두른 팬이 달궈지면 노릇하게 앞뒤로 지진다.

5 두부 조리기| 냄비에 지진 두부를 넣고 양념장을 골고루 얹은 뒤 물을 가장자리에서 돌려 부어 은근한 불에서 국물을 끼얹어 가며 천천히 조린다. 어느 정도 조려지면 채 썬 파와 실고추를 고명으로 얹고 잠시 뚜껑을 덮어 국물이 3~4숟가락 정도 남을 때까지 뜸을 들인다.

6 담아 완성하기| 그릇에 두부조림 8쪽을 담고 국물을 2TS 정도 끼얹어 낸다.

주의사항

① 불 조절에 유의해야 한다.
② 두부가 부서지면 안 된다.
③ 국물을 함께 낸다.

한국음식

홍합초

"어패류나 해물 등을 데쳐서 윤기 나게 조리는 것을 '초'라고 하며 조림보다 간을 덜하고 달게 한다. 홍합초는 생홍합을 손질한 후 살짝 데쳐서 간장, 설탕, 참기름, 후춧가루를 넣고 윤기나게 조린 것이다."

요구사항

① 마늘과 생강은 편으로, 파는 2cm로 써시오.
② 홍합은 전량 사용하고, 촉촉하게 보이도록 국물을 끼얹어 제출하시오.
③ 잣가루를 고명으로 얹으시오.

유의사항

① 홍합은 깨끗이 손질하도록 한다.
② 조려진 홍합이 너무 질기지 않아야 한다.

20분

재료

01 주재료

생홍합(굵고 싱싱한 것, 껍질 벗긴 것 지급) 100g
대파(흰 부분, 4cm) 1토막
참기름 5mL
마늘(중, 깐 것) 2쪽
진간장 40mL
생강 15g
잣(깐 것) 5개
흰설탕 10g
검은 후춧가루 2g

02 조림장

진간장 2TS
흰설탕 1TS
물 4TS
후추 .... 약간

만드는 방법

1. **재료 준비하기** | 재료는 깨끗이 씻어서 준비한다(홍합은 껍질은 골라내고 수염을 제거한 다음 소금으로 씻어 놓는다).
2. **홍합 데치기** | 생홍합은 소금물에 흔들어 씻은 후 끓는 물에 살짝 데쳐내고 찬물에 헹궈 놓는다.
3. **마늘, 생강, 대파 썰기** | 마늘, 생강은 편으로 썰고, 대파는 2cm 길이로 썬다.
4. **잣가루 다지기** | 잣은 고깔을 제거하고 준비한 종이 위에 놓고 칼로 다져준다.
5. **조림장 만들기** | 진간장, 흰설탕, 물, 검은 후춧가루를 넣고 조림장을 만든다.
6. **조리기** | 냄비에 조림장을 넣고 끓으면 데친 홍합, 마늘, 생강편을 넣어 약한 불에서 국물을 끼얹으며 윤기 나게 조린다. 거품을 제거한 후 대파를 넣고 살짝 더 익혀주며, 조림장이 2숟가락 정도 남았을 때 참기름을 넣는다.
7. **담아 완성하기** | 그릇에 홍합초를 담고 국물을 약간 끼얹고 잣가루를 뿌린다.

주의사항

① 마늘과 생강은 편으로 썰어야 한다.
② 후춧가루와 참기름으로 마무리한다.
③ 붉은 홍합은 수컷이며 흰색은 암컷이다.
④ 양념이 윤기나게 하고 홍합을 너무 조려서 단단하지 않게 한다(홍합의 통통한 모양을 살릴 것).

겨자채

"여러 가지 채소와 달걀, 배, 편육 등을 겨자즙으로 무친 생채로 육류 음식에 잘 어울린다. 겨자의 매콤한 맛은 여름철에 식욕을 돋워 준다."

요구사항

① 채소, 편육, 황·백지단, 배는 0.3cm×1cm×4cm로 써시오.
② 밤은 모양대로 납작하게 써시오.
③ 겨자는 발효시켜 매운맛이 나도록 하여 간을 맞춘 후 재료를 무쳐서 담고, 잣은 고명으로 올리시오.

유의사항

① 채소를 썰어 물에 담가 싱싱하게 준비한다.
② 마른 겨자를 매운맛이 나도록 조리한다.

35분

재료

01 주재료

양배추	50g
오이(가늘고 곧은 것, 길이 20cm)	1/3개
소고기(살코기)	50g
당근(곧은 것, 길이 7cm)	50g
밤(중, 생 것, 껍질 깐 것)	2개
달걀	1개
배(중, 길이로 등분)	1/8개
잣(깐 것)	5개
흰설탕	20g
소금(정제염)	5g
식초	10mL
진간장	5mL
겨잣가루	6g
식용유	10mL

02 발효겨자

겨자분	1TS
따뜻한 물	1TS

03 겨자소스

발효겨자	1TS
설탕	2TS
식초	2TS
소금	1ts
진간장	1/3ts

만드는 방법

1. **재료 준비하기** | 재료는 깨끗이 씻고, 오이는 소금으로 씻고, 밤은 찬물에 담근다.
2. **겨자 개기 및 고기 삶기** | 냄비에 물을 올려 따뜻해지면 겨자를 개고, 끓으면 고기를 넣어 삶는다.
3. **겨자 발효** | 겨자분에 따뜻한 물을 동량으로 넣어 발효시킨다.
4. **양배추 썰기** | 굵은 줄기를 제거하고 0.3cm×1cm×4cm로 자른 다음 찬물에 담근다.
5. **오이 썰기** | 오이는 4cm로 잘라 반을 쪼개서 얇게 자른다. 자른 것을 겹쳐서 껍질 쪽을 살리고 폭을 1cm로 자른 다음 찬물에 담근다.
6. **당근 썰기** | 당근도 0.3cm×1cm×4cm로 잘라 얇게 자른다.
7. **배 썰기** | 배는 껍질을 벗기고 0.3cm×1cm×4cm로 자른 다음 바로 설탕물에 담가 놓는다.
8. **잣 다듬기** | 고깔을 제거한다.
9. **밤 썰기** | 밤을 건져서 모양을 살려 썰어 준다.
10. **지단 만들기 및 썰기** | 달걀은 흰자·노른자 분리한다. 팬에 식용유를 두르고 지단을 부친 후, 채소와 같은 크기로 썬다.
11. **겨자 소스 만들기** | 발효겨자, 설탕, 식초, 소금, 진간장을 넣어 소스를 만든다.
12. **고기 썰기** | 삶은 고기도 채소와 같은 크기로 썰어 놓는다.
13. **물기 제거** | 아삭해진 채소를 건지고 거즈로 물기를 제거한다.
14. **무치기** | 지단을 제외한 모든 재료를 넣고 소스를 넣어 무쳐준다. 지단을 추가해서 가볍게 무쳐준다.
15. **담아 완성하기** | 그릇에 겨자채를 담고 고명으로 잣을 올려 낸다.

주의사항

① 내기 직전에 겨자에 버무린다.
② 채소를 싱싱하게 하기 위해 찬물에 담갔다가 물기를 제거하고 사용한다.
③ 편육은 식혀서 썰어야 부서지는 것을 방지할 수 있다.
④ 40℃의 따뜻한 곳에서 겨자를 발효시켜야 매운맛이 난다.
⑤ 겨자의 농도가 너무 되직하면 식초로 농도를 조절한다.
⑥ 겨자장이 너무 덩어리지면 체에 내려 사용한다.

도라지생채

"도라지를 가늘게 찢어 고추장, 고춧가루, 식초, 설탕으로 양념하여 새콤달콤매콤하게 무친 요리이다. 도라지는 볶아서 나물로도 사용하고 시럽에 졸여서 정과를 하기도 한다."

요구사항

① 도라지는 0.3cm×0.3cm×6cm로 써시오.
② 생채는 고추장과 고춧가루 양념으로 무쳐 제출하시오.

유의사항

① 도라지는 굵기와 길이를 일정하게 하도록 한다.
② 양념이 거칠지 않고 색이 고와야 한다.

15분

재료

01 주재료

- 통도라지(껍질 있는 것) 3개
- 소금(정제염) 5g
- 고추장 20g
- 고춧가루 10g
- 흰설탕 10g
- 식초 15mL
- 대파(흰 부분, 4cm) 1토막
- 마늘(중, 깐 것) 1쪽
- 깨소금 5g

02 생채 양념

- 고추장 1/2TS
- 고춧가루 1/2TS
- 흰설탕 1/2TS
- 식초 1/2TS
- 다진 파 1ts
- 다진 마늘 1/2ts
- 깨소금 1/2ts

만드는 방법

1. **재료 준비하기** | 재료는 깨끗이 씻어서 준비한다.
2. **도라지 껍질 벗기기** | 껍질을 돌려가며 이물질이 남지 않게 벗긴다.
3. **도라지 썰기** | 0.3cm×0.3cm×6cm 길이로 채 썰어 소금을 뿌려준다.
4. **도라지 쓴맛 빼기** | 소금물에 주물러 쓴맛을 없애고 물에 헹구어 물기를 눌러 짠다.
5. **양념 만들기** | 파·마늘을 곱게 다져서 고추장, 고춧가루, 설탕, 식초, 깨소금과 잘 섞어 초고추장을 만든다.
6. **무치기** | 도라지에 초고추장을 조금씩 넣어가며 고루 무친다.
7. **담아 완성하기** | 그릇에 소복하게 담는다.

주의사항

① 도라지의 쓴맛을 제거하기 위해 소금물에 담근다.
② 채는 일정하게 썬다.
③ 색은 진한 주황색이어야 한다.
④ 국물이 생기지 않게 내기 직전에 초고추장으로 버무린다.

무생채

"무를 채 썰어 식초, 고춧가루, 설탕으로 새콤달콤매콤하게 무쳐내는 요리이다."

요구사항

① 무는 0.2cm×0.2cm×6cm로 썰어 사용하시오.
② 생채는 고춧가루를 사용하시오.
③ 무생채는 70g 이상 제출하시오.

유의사항

① 무채는 길이와 굵기가 일정하게 썰고 무채의 색에 주의한다.
② 무쳐 놓은 생채는 싱싱하고 깨끗해야 한다.
③ 간을 맞출 때, 식초와 설탕의 양에 유의한다.

15분

재료

01 주재료

- 무(길이 7cm) 120g
- 소금(정제염) 5g
- 고춧가루 10g
- 식초 5mL
- 대파(흰 부분, 4cm) 1토막
- 마늘(중, 깐 것) 1쪽
- 깨소금 5g
- 생강 5g
- 흰설탕 10g

02 생채 양념

- 소금 1/3ts
- 다진 파 1ts
- 다진 마늘 1/2ts
- 생강즙 1/2TS
- 흰설탕 1/2TS
- 식초 1/2TS
- 깨소금 1/2ts

만드는 방법

1. **재료 준비하기** | 재료는 깨끗이 씻어서 준비한다.
2. **무채 썰기** | 무는 길이 6cm, 두께와 폭은 0.2cm 크기로 일정하게 썰어 놓는다.
3. **색 내기** | 고운 체에 내린 고춧가루로 잘 비벼서 고춧가루 물이 잘 들게 한다.
4. **파·마늘·생강 다지기** | 파·마늘은 다지고, 생강은 다져 즙을 거즈에 낸다.
5. **무치기** | 다진 파·마늘·생강즙을 넣고 깨소금, 설탕, 식초, 소금을 넣는다.
6. **담아 완성하기** | 그릇에 소복이 담는다.

주의사항

① 무생채의 채는 일정하게 썬다.
② 굵은 고춧가루가 나오면 체로 쳐서 사용한다.
③ 색은 엷은 주황색을 내어야 한다.
④ 물기가 생기지 않게 내기 직전에 무쳐야 하며 식초나 생강즙은 미량만 넣는다.

더덕생채

“더덕을 두들겨 가늘게 찢어서 식초, 설탕, 고춧가루와 고추장 등의 양념으로 무친 요리이다.”

요구사항

① 더덕은 5cm로 썰어 두들겨 편 후 찢어서 쓴맛을 제거하여 사용하시오.
② 고춧가루로 양념하고, 전량 제출하시오.

유의사항

① 더덕을 두드릴 때 부서지지 않도록 주의한다.
② 무치기 전에 쓴맛을 빼도록 한다.
③ 무친 상태가 깨끗하고 빛깔이 고와야 한다.

20분

재료

01 주재료

- 통더덕(껍질 있는 것, 길이 10~15cm) 2개
- 마늘(중, 깐 것) 1쪽
- 흰설탕 5g
- 식초 5mL
- 대파(흰 부분, 4cm) 1토막
- 소금(정제염) 5g
- 깨소금 5g
- 고춧가루 20g

02 생채 양념

- 고춧가루 1TS
- 다진 파 1ts
- 다진 마늘 1/2ts
- 흰설탕 1/2TS
- 식초 1/2TS
- 깨소금 1/2ts

만드는 방법

1 재료 준비하기 | 재료는 깨끗이 씻어서 준비한다.

2 더덕 손질하기 | 더덕을 잘 씻어서 돌려가며 껍질을 벗기고 부스러기와 흠까지 모두 제거한다. 행주를 깔고 길이로 반을 갈라 편 더덕을 놓은 다음 자근자근 두드려서 밀대로 살살 밀어준다.

3 소금물에 담그기 | 더덕을 소금물에 담가 쓴 맛과 아린 맛을 빼고, 대파, 마늘은 곱게 다져준다.

4 더덕 찢기 | 물기를 제거하여 가늘고 길게(5cm×0.3cm) 찢는다.

5 무치기 | 고춧가루, 다진 파·마늘 약간, 설탕·식초 적당량, 깨소금 약간 넣고 무친다.

6 담아 완성하기 | 그릇에 소복하게 담는다.

주의사항

① 소금물에 더덕을 담가 쓴맛을 제거한다.
② 양념이 잘 배도록 손으로 주물러 맛을 낸다.
③ 더덕의 크기와 길이가 일정하게 한다.
④ 고추장 양념이 뭉치지 않고 포슬포슬한 느낌이 들게 더덕을 내기 직전에 무쳐야 한다.
⑤ 고춧가루로 무치고 양념을 넣으면 물이 생기지 않는다.

육회

“소고기의 연하고 기름기 없는 부위인 우둔살, 대접살을 얇게 저며서 결 반대로 채 썰어 마늘과 참기름으로 양념한 요리이다. 육회에 사용하는 고기는 신선해야 하며 생으로 먹기 위해서 마늘과 참기름을 많이 넣어 양념한다.”

요구사항

① 소고기는 0.3cm×0.3cm×6cm로 썰어 소금 양념으로 하시오

② 마늘은 편으로 썰어 장식하고 잣가루를 고명으로 얹으시오.

③ 소고기는 손질하여 전량 사용하시오..

유의사항

① 소고기의 채를 고르게 썬다.

② 배와 양념한 소고기의 변색에 유의한다.

20분

재료

01 주재료

- 소고기(살코기) 90g
- 마늘(중, 깐 것) 3쪽
- 배(중, 100g) 1/4개
- 잣(깐 것) 5개
- 소금(정제염) 5g
- 대파(흰 부분, 4cm) 2토막
- 검은 후춧가루 2g
- 참기름 10mL
- 흰설탕 30g
- 깨소금 5g

02 양념장

- 소금 1/3ts
- 흰설탕 1/2TS
- 다진 파 1ts
- 다진 마늘 1/2ts
- 검은 후춧가루 .... 약간
- 깨소금 1/2ts
- 참기름 1/2ts

만드는 방법

1. **재료 준비하기** | 재료는 깨끗이 씻어서 준비하고 잣은 따로 담아둔다.
2. **배 썰기** | 배는 석세포를 자르고 껍질을 벗긴 후 상하의 길이를 맞추어 자르고 납작하게 썰어 겹쳐 놓고 0.3cm×0.3cm×5cm 정도로 채 썰어 놓는다.
3. **배 갈변 방지** | 물 1컵에 설탕 1TS 정도를 넣고 배를 담가 놓는다.
4. **소고기 채 썰기** | 주어진 소고기는 핏물, 기름을 제거하고 결 반대방향으로 0.3cm×0.3cm×6cm로 가늘게 채 썰어 준비한다.
5. **마늘 썰기 및 다지기** | 마늘 2쪽은 편으로 썰고 1쪽은 다진다.
6. **파 다지기** | 곱게 다진다.
7. **양념장 만들기** | 소금, 흰설탕, 다진 파, 마늘, 검은 후춧가루, 깨소금, 참기름을 넣어 양념장을 만든다.
8. **고기 양념하기** | 양념장으로 소고기를 양념한다. 잣은 고깔을 떼고 다져 보슬보슬한 가루를 만든다(준비한 종이 위에서 잣을 다진다).
9. **담아 완성하기** | 접시에 배를 건져서 물기를 제거하고 중앙을 중심으로 돌려 담는다.
10. **소고기 올리기** | 중앙에 양념한 고기를 올려준다.
11. **마늘 올리기** | 마늘을 고기 주위로 돌려 담는다. 육회 위에 잣가루 올려 마무리 한다.

주의사항

① 육회의 색을 내기 위해 소금으로 간을 한다.
② 소고기의 핏물을 완전히 없애고 깨끗이 손질하여 결 반대방향으로 부느럽게 썬다.
③ 배는 갈변방지를 위해 설탕물에 담갔다가 사용한다.
④ 고기에 윤기가 나게 참기름을 넉넉히 넣는다.

미나리강회

"연한 미나리를 데쳐서 홍고추, 황·백지단, 편육을 한데 묶어 만든 숙회로 초고추장을 곁들인다. 강회는 다른 재료들과 어울려 말아 감는다는 뜻이며 실파를 이용하여 파강회를 만들기도 한다."

요구사항

① 강회의 폭은 1.5cm, 길이는 5cm로 만드시오.
② 붉은 고추의 폭은 0.5cm, 길이는 4cm로 하시오.
③ 강회는 8개를 만들어 초고추장과 함께 제출하시오.

유의사항

① 각 재료의 크기를 같게 한다(홍고추의 폭은 제외).
② 색이 잘 어우러지게 만든다.

35분

재료

01 주재료

미나리(줄기 부분) 30g
소고기(살코기, 길이 7cm) .. 80g
홍고추(생) 1개
달걀 2개
고추장 15g
흰설탕 5g
식초 5mL
소금(정제염) 5g
식용유 10mL

02 초고추장

고추장 1TS
흰설탕 1/2TS
식초 1TS

만드는 방법

1 **재료 준비하기**| 재료는 깨끗이 씻어서 준비하고 미나리는 잎을 떼고 손질한다.

2 **소고기 삶기**| 물이 끓으면 소고기를 덩어리째 넣고 삶는다.

3 **미나리 데치기**| 다듬은 미나리는 줄기 부분만 끓는 물에 소금을 넣고 데쳐서 찬물에 헹구어 물기를 제거하고 굵은 부분은 반으로 가른다.

4 **홍고추 썰기**| 4cm로 잘라 반을 쪼개서 씨를 제거하고 0.5cm 폭으로 자른다.

5 **지단 부치기**| 팬에 식용유를 두르고 달걀은 황·백지단으로 부쳐 5cm×1.5cm로 자른 다음 접시에 담아 놓는다.

6 **소고기 썰기**| 삶은 소고기는 식혀서 길이 5cm, 폭 1.5cm, 두께 0.3cm 정도로 썬다.

7 **말기**| 소고기, 흰자, 노른자, 홍고추 순으로 겹쳐서 잡는다. 밑면에서 시작 부위를 살짝 눌러 감기 시작해 1/3 정도를 4~5회 정도 돌려 감아 마지막에 고기와 흰색 지단 사이를 벌려 끼우고 나온 부위를 잘라 마무리한다.

8 **초고추장 만들기**| 고추장, 설탕, 식초를 넣어 초고추장을 만든다.

9 **담아 완성하기**| 그릇에 미나리강회를 돌려 담고 초고추장을 곁들여 낸다.

주의사항

① 편육은 식혀서 썰어야 모양이 부서지지 않는다.
② 길이를 일정하게 한다.
③ 굵은 미나리 줄기는 데친 후 갈라서 사용한다.
④ 재료를 미나리로 감을 때 시작과 끝부분이 아래로 오도록 하며 끝이 풀리지 않도록 마무리한다.

탕평채

“녹두 녹말로 만든 청포묵을 소고기, 갖은 채소와 함께 버무린 무침요리이다. 동국세시기에 의하면 조선시대 중엽에 탕평책의 경륜을 펴는 자리에서 청포에 채소를 섞어 무친 음식이 나왔으므로 이를 '채' 또는 '묵청포'라고 하였다. 감촉이 매끄럽고 새콤한 맛 때문에 식욕을 얻게 해주는 여름철 별미 요리이다.”

요구사항

① 청포묵은 0.4cm×0.4cm×6cm로 썰어 데쳐서 사용하시오.

② 모든 부재료의 길이는 4~5cm로 써시오.

③ 소고기, 미나리, 거두절미한 숙주는 각각 조리하여 청포묵과 함께 초간장으로 무쳐 담아내시오.

④ 황·백지단은 4cm 길이로 채 썰고, 김은 구워 부셔서 고명으로 얹으시오.

유의사항

① 청포묵의 굵기와 길이는 일정하게 한다.

② 숙주는 거두절미하고, 미나리는 다듬어 데친다.

35분

재료

01 주재료

- 청포묵(중, 길이 6cm) …… 150g
- 숙주(생 것) …… 20g
- 미나리(줄기 부분) …… 10g
- 소고기(살코기, 길이 5cm) …… 20g
- 달걀 …… 1개
- 김 …… 1/4장
- 진간장 …… 20mL
- 마늘(중, 깐 것) …… 2쪽
- 대파(흰 부분, 4cm) …… 1토막
- 검은 후춧가루 …… 1g
- 흰설탕 …… 5g
- 참기름 …… 5mL
- 식초 …… 5mL
- 소금(정제염) …… 5g
- 식용유 …… 10mL
- 깨소금 …… 5g

02 초간장

- 진간장 …… 1TS
- 흰설탕 …… 1/2TS
- 식소 …… ITS

03 소고기 양념

- 진간장 …… 1ts
- 흰설탕 …… 1/2ts
- 다진 파 …… 1ts
- 다진 마늘 …… 1/2ts
- 검은 후춧가루 …… 약간
- 깨소금 …… 1/2ts
- 참기름 …… 1/2ts

만드는 방법

1. **재료 준비하기** | 재료는 깨끗이 씻어서 준비하고 숙주는 거두절미 한다.
2. **미나리 손질 및 데치기** | 다듬은 미나리는 끓는 물에 소금을 약간 넣어 데친 뒤 찬물에 헹궈 5cm로 자른다.
3. **묵 썰기** | 청포묵을 길이 6cm, 두께와 폭은 0.4cm로 썰어 끓는 물에 데쳐 투명해지면, 찬물에 헹궈 물기를 빼고 소금, 참기름으로 무친다.
4. **숙주 데치기** | 거두절미한 숙주는 소금물에 데치고 소금, 참기름으로 무친다.
5. **소고기 썰기** | 소고기는 5cm로 채 썬다.
6. **양념장 만들기** | 간장, 설탕, 다진 파·마늘, 후추·깨소금·참기름을 넣어 양념장을 만든다.
7. **고기 양념하기** | 양념장으로 소고기를 양념한다.
8. **지단 썰기** | 달걀은 황·백지단을 나누어 소금을 넣어 각각 부쳐 4cm 길이로 채 썬다. 김은 구워서 부순다.
9. **고기 볶기** | 팬에 식용유를 두르고 고기를 볶아 놓는다.
10. **초간장 무치기** | 간장, 설탕, 식초로 초간장을 만들어 고명을 제외한 재료를 무친다.
11. **담아 완성하기** | 그릇에 탕평채를 담고 김, 황·백지단을 고명으로 얹는다.

주의사항

① 청포묵을 썰 때는 칼에 물을 적셔서 썰면 부드럽게 잘 썰린다.

② 청포묵이 굳었을 경우 끓는 물에 살짝 데쳐낸 후 냉수에 헹구지 말고, 물기를 빼면서 그대로 식혀야 묵이 쫄깃하다.

③ 청포묵을 데친 다음 소금, 참기름으로 밑간을 하고, 내기 직전에 버무려야 미나리 색이 곱다.

잡채

“여러 가지 채소와 소고기, 당면을 각각 볶은 후 모든 재료를 섞어 만든 음식으로 모든 행사 음식에서 빠지지 않는 요리이다.”

요구사항

① 소고기, 양파, 오이, 당근, 도라지, 표고버섯은 0.3cm×0.3cm×6cm로 썰어 사용하시오.
② 숙주는 데치고 목이버섯은 찢어서 사용하시오.
③ 당면은 삶아서 유장처리하여 볶으시오.
④ 황·백지단은 0.2cm×0.2cm×4cm로 썰어 고명으로 얹으시오.

유의사항

① 주어진 재료는 굵기와 길이가 일정하게 한다.
② 당면은 알맞게 삶아서 간한다.
③ 모든 재료는 양과 색깔의 배합에 유의한다.

35분

재료

01 주재료

- 당면 20g
- 소고기(살코기, 길이 7cm) 30g
- 건표고버섯(지름 5cm, 물에 불린 것) 1개
- 건목이버섯(지름 5cm, 물에 불린 것) 2개
- 양파(중, 150g) 1/3개
- 오이(가늘고 곧은 것, 길이 20cm) 1/3개
- 당근(곧은 것, 길이 7cm) 50g
- 통도라지(껍질 있는 것, 길이 20cm) 1개
- 달걀 1개
- 숙주(생 것) 20g
- 진간장 20mL
- 대파(흰 부분, 4cm) 1토막
- 마늘(중, 깐 것) 2쪽
- 식용유 50mL
- 깨소금 5g
- 검은 후춧가루 1g
- 참기름 5mL
- 소금(정제염) 15g
- 흰설탕 10g

02 당면 양념

- 진간장 1TS
- 흰설탕 1/2TS
- 참기름 1/2ts

03 양념(소고기, 버섯류)

- 진간장 1TS
- 흰설탕 1/2TS
- 다진 파 1ts
- 다진 마늘 1/2ts
- 검은 후춧가루 ..... 약간
- 깨소금 1/2ts
- 참기름 1/2ts

만드는 방법

1 **재료 준비하기** | 재료는 깨끗이 씻어서 준비하고, 숙주는 거두절미 한다.

2 **당면, 목이버섯, 표고버섯 불리기** | 냄비에 물을 올려 끓으면 당면, 목이버섯, 표고버섯을 불려둔다.

3 **숙주 데치기** | 거두절미한 숙주는 데치고 소금, 참기름으로 무쳐놓는다.

4 **오이 썰기** | 6cm로 돌려깎기 하여 0.3cm×0.3cm×6cm로 채 썰어 소금에 살짝 절였다가 물기를 짠다.

5 **도라지 썰기** | 껍질을 돌려까서 벗긴 후 6cm로 썰어 소금물에 담가 쓴맛을 우려내고 물기를 짠다.

6 **당근 썰기** | 0.3cm×0.3cm×6cm로 잘라 채 썬다.

7 **양파 썰기** | 양파는 0.3cm×0.3cm×6cm로 채 썬다. 소고기와 표고버섯도 같은 크기로 채 썰고, 목이버섯은 찢어서 각각 양념장으로 무친다.

8 **양념하기** | 소고기, 표고버섯, 목이버섯에 양념장을 넣어 무친다. 달걀은 황·백지단으로 부쳐 0.2cm×0.2cm×4cm로 채 썬다.

9 **소금간한 것 볶기** | 팬에 식용유를 두르고 소금간한 양파, 당근, 오이를 볶아낸다.

10 **간장양념한 것 볶기** | 소고기, 표고버섯, 목이버섯을 볶아낸다.

11 **당면 삶아 볶기** | 당면을 끓는 물에 삶아 물에 헹구어 건져서 길이를 짧게 끊어 간장, 설탕, 참기름으로 무쳐 볶는다.

12 **무치기** | 볶아 놓은 재료와 당면을 한 그릇에 담고 간장, 설탕, 참기름, 깨소금으로 골고루 무쳐준다.

13 **담아 완성하기** | 그릇에 담고 달걀지단을 고명으로 얹는다.

주의사항

① 팬 한 곳에서 채소를 각각 볶고 버섯, 고기를 나누어서 섞이지 않게 볶으면 시간이 절약된다.

② 밑간한 당면을 뜨거운 팬에 수분이 없어질 때까지 볶아서 식혀야 한다.

칠절판

"여섯 가지의 재료를 곱게 채 썰어 각각 볶아낸 후 밀전병과 함께 싸 먹는 요리이다. 색이 화려하고 맛은 담백하여 손님 초대상에 잘 어울린다."

요구사항

① 밀전병은 지름이 8cm가 되게 6개를 만드시오.
② 채소와 황·백지단, 소고기는 0.2cm×0.2cm×5cm로 써시오.
③ 석이버섯은 곱게 채를 써시오.

유의사항

① 밀전병의 반죽 상태에 유의한다.
② 완성된 채소 색깔에 유의한다.

40분

재료

01 주재료

소고기(살코기, 길이 6cm)	50g
달걀	1개
오이(가늘고 곧은 것, 길이 20cm)	1/2개
당근(곧은 것, 길이 7cm)	50g
석이버섯(부서지지 않은 것, 마른 것)	5g
밀가루(중력분)	50g
진간장	20mL
마늘(중, 깐 것)	2쪽
대파(흰 부분, 4cm)	1토막
검은 후춧가루	1g
참기름	10mL
흰설탕	10g
깨소금	5g
식용유	30mL
소금(정제염)	10g

02 밀전병

밀가루	4TS
물	7TS
소금	약간

03 소고기 양념

진간장	1ts
흰설탕	1/2ts
다진 파	1ts
다진 마늘	1/2ts
깨소금	1/2ts
검은 후춧가루	약간
참기름	1/2ts

만드는 방법

1. **재료 준비하기** | 재료는 깨끗이 씻어서 준비하고 오이는 소금으로 문질러 씻는다.
2. **석이버섯 불리기** | 따뜻한 물에 석이버섯을 불린다.
3. **오이 및 당근 썰기** | 오이는 5cm로 토막 내어 돌려 깎고 0.2cm 두께로 채 썰어 소금물에 절이고 당근도 같은 크기로 채 썬다.
4. **밀전병 반죽하기** | 밀가루를 체로 쳐서 소금을 넣고 밀가루 4TS, 물 7TS을 넣고 잘 풀어서 체에 걸러 둔다.
5. **소고기 썰기** | 소고기는 0.2cm로 가늘게 채 썬다.
6. **양념하기** | 간장, 설탕, 다진 파·마늘, 깨소금·후추·참기름 약간 넣어 양념하여 소고기를 양념한다. 석이버섯도 이끼를 제거하고 손으로 문질러 씻고 채 썰어 소금, 참기름에 무친다.
7. **지단 부치기 및 썰기** | 달걀은 황·백지단을 나누어 소금을 넣고 지단을 부쳐 0.2cm×0.2cm×5cm로 채를 썬다.
8. **밀전병 부치기** | 밀전병 반죽은 2/3TS 정도 떠서 직경 8cm로 얇게 6개 나오도록 약불에서 부친다.
9. **볶기** | 팬에 식용유를 두르고 오이, 당근, 석이버섯, 소고기 순으로 볶는다.
10. **담아 완성하기** | 그릇 중앙에 밀전병을 놓고 준비한 재료를 색 맞추어 돌려 담는다.

주의사항

① 밀전병 반죽을 미리 만들어 두었다가 사용하는 것이 부치기에 좋다.
② 채소 색깔 유지에 유의해야 한다.
③ 채를 곱게 썰어야 모양이 얌전하다.

오징어볶음

“오징어의 내장을 손질한 후 껍질을 벗겨 내장이 붙은 쪽에 일정한 간격의 사선으로 칼집을 내어 갖은 채소와 고추장양념으로 볶아낸 반찬이다.”

요구사항

① 오징어는 0.3cm 폭으로 어슷하게 칼집을 넣고, 크기는 4cm×1.5cm 정도로 써시오(단, 오징어 다리는 4cm 길이로 자른다).

② 고추, 파는 어슷썰기, 양파는 폭 1cm로 써시오.

유의사항

① 오징어 손질 시 먹물이 터지지 않도록 유의한다.

② 완성된 양념은 고춧가루 색이 배어나도록 한다.

30분

재료

01 주재료

재료	분량
물오징어(250g)	1마리
소금(정제염)	5g
진간장	10mL
흰설탕	20g
참기름	10mL
깨소금	5g
풋고추(길이 5cm 이상)	1개
홍고추(생)	1개
양파(중, 150g)	1/3개
마늘(중, 깐 것)	2쪽
대파(흰 부분, 4cm)	1토막
생강	5g
고춧가루	15g
고추장	50g
검은 후춧가루	2g
식용유	30mL

02 고추장 양념

재료	분량
고추장	2TS
고춧가루	1TS
흰설탕	1TS
진간장	1/2TS
다진 마늘	1/2ts
다진 생강	1/2ts
검은 후춧가루	약간
깨소금	1/2ts
참기름	1/2ts

만드는 방법

1. **재료 준비하기** | 재료는 깨끗이 씻어서 준비한다.
2. **오징어 손질하기** | 배를 갈라 내장과 뼈를 제거하고 지느러미(귀)를 떼어내고 껍질을 벗긴다. 다리도 껍질을 벗기고 4cm로 자른다. 몸통과 다리는 소금으로 비벼서 깨끗이 씻는다. 몸통 안쪽에 0.3cm 폭으로 대각선으로 좌우에서 칼집을 넣은 다음 4cm×1.5cm 크기로 자른다.
3. **고추 썰기** | 3cm×0.5cm 두께로 어슷하게 썰어 물에 씻어 씨를 제거한다.
4. **양파 썰기** | 겉과 속 부분을 따로 분리하여 폭 1cm 정도로 일정하게 썬다.
5. **파 썰기** | 3cm×0.5cm 폭으로 어슷하게 썰어 놓는다.
6. **고추장 양념 만들기** | 고추장, 고춧가루, 설탕, 간장, 다진 마늘, 다진 생강, 후추, 깨소금, 참기름을 넣어 만든다.
7. **볶기** | 식용유를 두른 팬이 달궈지면 양파, 풋고추, 홍고추, 대파를 볶다 오징어를 넣어 주고 오징어가 약간 익었을 때 양념장을 넣고 볶는다.
8. **담아 완성하기** | 그릇에 다리 부분을 먼저 깔고 칼집을 낸 몸통 부분이 위로 보이도록 채소와 조화롭게 담아낸다.

주의사항

① 오징어 칼집 넣을 때 주의해야 한다.
② 고추를 찬물에서 흔들어 고추씨를 제거한다.
③ 센 불에서 짧은 시간에 볶아야만 오징어볶음에 물이 생기지 않고 덜 질기다.

재료썰기

"조리 목적에 맞게 기본 썰기 방법을 습득하여 조리의 완성도를 향상시킨다."

요구사항

① 무, 오이, 당근, 달걀지단을 썰기 하여 전량 제출하시오(단, 재료별 써는 방법이 틀렸을 경우 실격 처리).

② 무는 채 썰기, 오이는 돌려깎기하여 채 썰기, 당근은 골패썰기를 하시오.

③ 달걀은 흰자와 노른자를 분리하여 알끈과 거품을 제거하고 지단을 부쳐 완자(마름모꼴)모양으로 각 10개를 썰고, 나머지는 채 썰기를 하시오.

④ 재료 썰기의 크기는 다음과 같이 하시오.

ⓐ 채 썰기 : 0.2cm×0.2cm×5cm

ⓑ 골패썰기 : 0.2cm×1.5cm×5cm

ⓒ 마름모형 썰기 : 한 면의 길이가 1.5cm

유의사항

① 규격이 일정하게 썰어야 한다.

② 지단은 기포 없이 완성되어야 한다.

25분

재료

01 주재료

재료	분량	재료	분량	재료	분량
무	100g	당근(길이 6cm)	1토막	식용유	20mL
오이(길이 25cm)	1/2개	달걀	3개	소금	10g

만드는 방법

1 재료 준비하기

- 무 : 깨끗이 씻어 껍질을 제거한다.
- 오이 : 겉을 소금으로 문질러 깨끗이 씻어 준비한다.
- 당근 : 흙이 없도록 씻어 껍질을 제거한다.
- 달걀 : 흰자와 노른자로 구분하여 소금간 한다.

2 만드는 법

- 무채 : 0.2cm×0.2cm×5cm가 되게 채를 썬다.
- 오이 : 5cm 길이로 잘라 돌려깎기한 후, 0.2cm×0.2cm×5cm 규격에 맞게 채 썬다.
- 당근 : 0.2cm×1.5cm×5cm 정도로 썰어 골패 모양이 되게 한다.〈직사각형〉
- 달걀 : 팬에 황백 달걀을 넣고 지단을 부쳐 마름모꼴(완자형)로 각 10개를 썰고, 나머지는 채를 썬다.

주의사항

① 달걀 흰자는 알끈을 제거하고 체에 내려 거품이 없도록 하여야 완성도가 높다.
② 규격은 요구사항을 참조하여 완성한다.

제3장

응용 한식(김치)

김치의 맛있는 양념 고르기

1. 채소

- **미나리** : 밭 미나리는 줄기가 세서 질기므로 일반 미나리를 선택한다. 미나리는 상큼한 향을 더해 주며, 잎을 떼고 사용하면 시원하고 깨끗한 맛을 더해준다.
- **갓** : 갓은 갓김치용과 김장 속 양념용이 있는데, 열무처럼 잎줄기가 부드러운 것과 잎이 넓고 초록색깔이 짙은 것이 김장 속 양념용이다. 길이가 길며 굵기가 굵고 잎 부분에 자줏빛이 돌고 향이 강한 것이 갓김치용이다.
- **소금** : 굵은소금, 천일염이라고 불리는 왕소금을 선택하여 물김치, 동치미용으로 한 번 볶아 불순물을 제거한 후 사용한다.
- **청각** : 잘 건조되고 색이 진하며 향이 좋은 것을 선택한다. 김치 양념소에 이용되나 동치미와 배추 물김치에 넣으면 청각 특유의 향이 우러나와 시원한 김치 국물 맛을 볼 수 있다.
- **쪽파** : 쪽파는 줄기 색이 선명하고 가는 것보다 통통하면서 흰 부분이 많은 것이 좋으며 여름 배추김치에도 조금씩 넣어 양념으로 함께 버무리기도 한다. 가을철 쪽파를 이용하면 쪽파의 깊은 맛을 즐길 수 있다.
- **고춧가루** : 태양초를 사용하면 김치의 색이 한결 고우며 매운 고춧가루와 맵지 않은 고춧가루의 비율을 기호에 따라 적절히 혼합하여 사용하면 매콤한 김장 김치 맛을 낼 수 있다.
- **마늘** : 마늘은 육쪽 마늘로 단단하고 골이 확실하며 섬유질이 선명하면서 썩지 않은 것을 사용한다. 마늘을 까서 오래 두면 곰팡이가 피고, 빻아서 오래된 것은 신선한 맛이 떨어지므로 바로 까서 다져 사용하는 것이 좋다.
- **생강** : 쪽이 굵고 굴곡이 적으며 껍질이 얇은 것을 껍질째 구입해서 사용하기 직전 손질해야 맛과 향이 좋다.

2. 젓갈

젓갈은 김치의 맛을 좌우하는 가장 중요한 재료이다. 지방에 따라 사용하는 종류가 다른데, 서울, 경기도에서는 새우젓을 많이 사용하고, 경상도에서는 멸치액젓을 쓰며 전라도에서는 황석어젓, 갈치속젓, 강원도에서는 오징어젓과 생태를 넣어 김치를 담근다.

- **멸치액젓** : 김치에 가장 많이 사용하는 젓갈이다. 멸치에 소금을 넣어 담가 발효시킨 후 건더기를 체에 밭쳐서 국물을 받은 것으로 연한 갈색빛과 구수한 젓갈 맛을 내려면 싱싱한 멸치를 발효시켜야 한다.
- **새우젓** : 담그는 시기에 따라 오젓, 육젓, 추젓, 동백젓이 있으며 소금의 농도에 따라 밑반찬용과 김장김치용으로 나누는데 새우 특유의 냄새와 연분홍색이 깨끗한 육젓이 좋다.
- **갈치액젓** : 진한 갈색빛으로 구수한 갈치 특유의 젓갈 맛을 내는 것이 싱싱한 갈치를 발효시킨 것이며 고들빼기, 갓김치, 쪽파김치, 부추김치에 사용한다.
- **황석어젓** : 새끼 조기를 골라 소금에 절여 삭힌 것이며 노란빛이 나는 젓갈이 잘 삭혀진 것으로 맛이 깊다.
- **오징어젓** : 싱싱한 오징어를 소금으로 절여 두었다가 김장철에 사용하며 오징어를 배추 사이에 켜켜이 넣기도 한다.
- **생태** : 중간 크기의 싱싱한 생태를 토막 내어, 절인 김장 배추 사이에 켜켜이 넣어 김치를 담근다.

3. 김치용 풀

풀은 찹쌀풀과 밀가루풀을 주로 사용하며, 가끔 감자풀과 보리쌀을 삶은 물을 사용하기도 한다.

김치의 숙성을 도와주며 마늘, 고춧가루 등의 양념들이 서로 잘 어우러지게 한다. 12시간 이전에 양념에 풀을 넣고 혼합하여 시원한 곳에서 발효시킨 후 김치를 버무리면 김치의 숙성이 빨라진다.

지역별김치

- **서울 · 경기** : 간은 맵거나 짜거나 싱겁지도 않으며 새우젓, 조기젓, 멸치젓, 황석어젓을 많이 사용한다. 생새우, 생태, 생갈치 등을 김치에 넣으며 배추김치, 나박김치, 백김치, 열무김치, 동치미, 비늘김치, 섞박지, 보쌈김치, 총각김치, 깍두기 등 김치의 종류가 매우 다양하다.
- **함경도** : 양념 소를 맵게 하지만 짜거나 싱겁지 않으며 고수와 분디라는 향신 채소를 김치소로 이용하여 독특한 맛과 향기가 난다. 김칫국을 넉넉히 부어 국물맛이 진하고 신맛이 강하다. 젓갈 대신 생태, 생가자미를 넣어 시원한 국물맛이 특징이다.
- **평안도** : 소금을 적게 하고 김치 국물을 많게 하는 전통방법으로 담그며 시원한 맛이 특징이다. 배추와 무를 함께 통으로 담그며 생태, 생갈치, 생조개, 생새우를 사용하여 소금 대신 조기젓, 새우젓으로 간을 한다. 국물은 쇠고기를 삶아 식혀서 기름을 걷어낸 물을 사용한다. 국물이 시원하게 맛이 들면 냉면 국물로도 사용한다. 가지김치, 동치미, 백김치, 쇠고기를 삶아 낸 육수에 간을 해서 담그는 무청김치도 있다.
- **황해도** : 절인 배추를 큼직하게 썰어 넣고 소금으로 간을 맞추어 익힌다. 서해안을 접하고 있어 젓갈은 새우젓, 조기젓을 주로 쓰고 간은 세지 않게 한다, 특히 새우 자하로 젓을 담근 것을 감동젓이라 하며 감동젓을 쓰는 섞박지가 대표적인 김치이다.
- **강원도** : 배추김치에 싱싱한 생태와 오징어를 넣어 담그는데, 생오징어 채와 꾸덕꾸덕하게 말린 생태를 잘게 썰어 양념 소에 넣어 버무리고 무를 큼직하게 썰어 켜켜이 박아 둔다. 해물김치, 명태의 아가미로 담그는 서거리김치, 오징어김치, 갓김치, 창란젓깍두기, 더덕김치, 가지김치 등이 있다.

- **충청도** : 서해안의 해산물과 내륙의 채소가 함께 어우러져 소박하면서도 담백한 것이 특징이다. 조기젓, 황석어젓, 새우젓을 주로 사용하는데 젓국을 많이 쓰지 않고 양념도 많이 넣지 않으며 깊은 감칠맛과 시원한 맛이 특징이다. 배추짠지, 무짠지라 하여 통으로 담그며 배추와 무를 같이 넣은 섞박지에 젓국 달인 국물을 붓는다.
- **경상도** : 쉽게 쉬기 때문에 마늘, 고춧가루를 많이 사용하여 매운 것이 특징이며, 멸치젓을 달여서 삼베로 걸러 국물만 쓰기도 하고, 맑게 삭힌 맑은 액젓을 쓰기도 한다. 생갈치와 생오징어를 많이 넣는데 날것을 잘게 썰어 고춧가루와 소금으로 간을 하여 김치 소를 버무릴 때 넣는다. 부추김치, 우엉김치, 쪽파김치, 들깻잎김치가 유명하다.
- **전라도** : 맵고 짠 양념과 젓갈, 찹쌀풀이 어우러져 감칠맛이 진하다. 젓갈은 조기젓, 새우젓, 밴댕이젓, 병어젓, 멸치젓을 많이 쓴다. 고추를 분마기로 걸쭉하게 간 것에 젓갈을 듬뿍 넣은 양념을 사용한다. 얼큰한 김장김치, 고들빼기, 나주의 동치미, 해남의 돌산갓김치, 반지(백지), 풋고추젓지가 대표적이다. 김치를 '지'라고도 한다.
- **제주도** : 기후가 따뜻하여 김치를 많이 담지 않고 김치 종류도 많지 않다. 동지 김치가 유명한데, 밭에서 자란 월동 배추로 음력 정월에 담근다. 망울을 맺은 연하고 노란 꽃을 소금에 절였다가 멸치젓과 갖은 양념으로 버무리면 아주 상큼한 맛이 난다.

통배추김치

"**가장 대표적인 김치**로 풍요로운 계절 감각의 맛을 지녔으며 늦가을부터 다음해 봄까지 밑반찬으로 빠지지 않는 전통김치이다. 배추와 무를 주재료로 여러 가지 양념과 젓갈, 찹쌀풀과 채소류를 더하여 겨울 내 발효 숙성시킨 김치이다. 동서를 막론하고 세계에 자랑할 만한 건강발효 식품이다."

재료

배추(중) 3포기(4kg), 무(중) 300g, 왕소금 3컵, 찹쌀가루 4TS, 멸치액젓 1C, 뻑뻑이 액젓 1/2C, 새우젓 1/2C, 고춧가루(청양) 1/2C, 고춧가루 3C, 마늘 1C, 생강 50g, 갓 50g, 당근 50g, 물엿 1/2C, 설탕 3TS, 배 50g, 표고버섯 5개, 생새우 50g

만드는 방법

1. 배추의 떡잎을 제거하고 뿌리를 자른 후 뿌리 쪽에서 전체 길이의 반을 갈라 잎 쪽은 두 손으로 쪼갠다.
2. 큰 그릇에 10% 농도의 소금물을 준비해 둔다.
3. 소금물에 쪼갠 배추를 한 번 적신 후 줄기 부분에 소금을 골고루 뿌려 넣어 쪼개진 쪽을 위로 향하게 차곡차곡 배추를 포갠다. 남은 소금물을 붓고 배추 위에 소금을 약간 뿌린 다음 꼭꼭 눌러 둔다.
4. 어느 정도 절여지면 배추를 뒤집어서 배추가 골고루 잠기도록 둔다.
5. 표고버섯을 찬물에 담가 끓여서 표고물을 준비한다.
6. 갓을 깨끗이 씻어서 4~5cm 길이로 썬다.
7. 무와 당근, 배를 곱게 채 썬다.
8. 표고버섯 물에 찹쌀풀을 쑤어 식혀 둔다.
9. 생새우, 새우젓, 배, 생강, 마늘을 믹서로 간다.
10. 식은 찹쌀풀에 고춧가루, 멸치젓국, 갖은 양념을 모두 넣어 잘 섞는다.
11. 알맞게 숨이 죽은 배추의 줄기 쪽 부분을 중심으로 두세 번 깨끗이 씻어 자른 부분이 밑에 오게 하여 물기를 뺀다.
12. 물기 뺀 배추 잎줄기 한 켜 한 켜 사이로 양념을 골고루 넣고 버무린다.
13. 무, 당근, 갓 채 썬 것을 적당히 넣어 양념이 흘러나오지 않게 겉잎 한 잎으로 배추를 감싼 후 쪼갠 부분이 위로 올라가게 차곡차곡 김치용기에 담는다.

TiP!

- 김치의 양념을 먼저 발효시켜 둔 후 사용하면 김치가 빨리 숙성된다.
- 기호에 따라 굴, 갈치, 조기를 넣기도 한다.
- 무는 비늘무로 썰어 소금에 살짝 절여 양념을 묻혀 항아리에 박아두면 먹을 때 한 토막씩 잘라 먹기 쉽다.
- 김치는 0~5℃에서 4주 후면 숙성이 되고 pH 4.0 내외의 상태일 때 맛이 가장 좋다.
- 찹쌀풀, 양파, 배, 무, 당근, 사과 등 첨가되는 김치의 소 재료는 김치의 숙성기간을 당겨준다.
- 뿌리 쪽에 칼을 넣어 전체길이의 약 반 정도 자른 다음 나머지는 두 손으로 쥐고 쪼갠다. 끝까지 칼로 자르면 배추를 절이고 씻을 때 속잎 부분이 떨어진다.
- 배추 절이는 시간은 30시간 정도로 보고되고 있지만 소금의 양과 기온, 배추의 양에 따라 다르다. 너무 절이면 배추의 단맛이 없어지고 조직이 너무 물러 김치 맛이 좋지 않게 된다.
- 달걀 껍데기를 깨끗이 씻어 삶은 후 면보주머니에 싸서 항아리에 같이 넣으면 신선함이 오래 간다.

백김치

"고춧가루를 쓰지 않고 배, 밤, 석이버섯 등을 배춧잎 사이에 켜켜이 채운 백김치는 **추운지방의 대표적인 김치**이다. 시원하고 담백한 국물을 내기 위하여 양념을 면보주머니에 싸서 사용하고 젓갈류를 사용하지 않기 때문에 국물에 군내가 나기 쉬워서 배, 밤, 청각, 고추 삭힌 것을 넣는다."

재료

배추 5포기, 왕소금 5C, 생수 4,000mL, 무 1/4개(50g), 배 1/2개(100g), 쪽파 50g, 밤 50g, 홍고추 20g, 삭힌 고추 20g, 찹쌀가루 5TS, 석이버섯 3개, 실파 50g, 마늘 50g, 생강 20g, 양파 200g

만드는 방법

1. 배추는 길이로 2쪽으로 쪼개어 소금물에 담근 후 쪼개진 쪽이 위로 보이게 절여서 깨끗이 씻고 물기를 뺀다.
2. 간수를 뺀 천일염을 프라이팬에 볶은 후 생수에 녹인다.
3. 무, 배를 깨끗이 손질한 후 채 썬다. 배는 씨 부분을 도려내고 적당히 썬다. 밤은 속껍질을 제거한 후 채 썬다.
4. 삭힌 고추를 깨끗이 씻어 면보로 닦아 둔다.
5. 마늘, 생강은 편을 썰어 배와 같이 면보주머니에 싸 둔다. 석이버섯을 물에 불려 손으로 비벼 씻어 곱게 채 썬다.
6. 절인 배추 잎 사이에 켜켜이 무, 배, 밤과 채 썬 소를 넣는다.
7. 양념을 싼 면보를 대파, 양파와 같이 항아리 밑에 깔고 그 위에 소 넣은 배추를 차곡차곡 항아리에 넣은 다음 생수를 부어 청양고추를 띄운다. 실온에서 하루 정도 삭힌 후 시원한 곳에 보관한다.

TiP!

- 신선한 생수를 부어 하루쯤 익힌 후 시원하게 보관을 해야 김치 국물의 맛을 오래 느끼며 먹을 수 있다.
- 삭힌 고추 대신 청양고추나 마른 고추를 사용해도 국물이 칼칼해진다.
- 동치미 무를 소금에 절여 같이 사용해도 된다.

총각김치

" 총각무는 **단단하고 작은 것**이 좋으며, 무청이 싱싱하고 무가 매끈한 것을 선택한다. "

재료

총각무 2kg, 찹쌀가루 3TS, 새우 100g, 소주 1/2C, 멸치액젓 1C, 새우젓 1/2C, 양파 100g, 고춧가루 2C, 고춧가루(청양) 1/3C, 마늘 70g, 생강 2TS, 설탕 1C, 왕소금 300g, 다시마 1장(10cm×10cm), 육수용 멸치 50g, 표고버섯 3장

만드는 방법

1. 총각무의 누런 잎을 제거 후 무의 잔털을 떼고 무청 달린 부분의 껍질을 도려낸다. 무에 열십자로 칼집을 내고 설탕과 소금을 뿌려 한 시간 정도 절인 후 다시 씻어 물기를 뺀다.
2. 싱싱한 새우의 껍질을 벗겨내고 다진다(냉동새우의 경우 새우를 깨끗이 씻어 데친 후 믹서로 갈아서 사용한다).
3. 마늘, 생강, 양파를 다진다.
4. 다시마, 멸치, 표고버섯으로 육수를 낸다.
5. 육수에 찹쌀풀을 끓여 식히고 고춧가루를 풀에 갠 후 멸치액젓, 양파즙, 다진 새우, 다진 마늘, 다진 생강을 넣은 다음 소금으로 간한다.
6. 큰 볼에 총각무를 양념으로 버무려 총각무 잎으로 무를 감싸듯이 차곡차곡 항아리에 담아 실온에서 삭힌 후 시원한 곳에 보관한다.

TiP!

- 총각무를 깨끗이 씻어 소금을 조금 뿌렸다가 씻지 않고 양념해도 국물 맛이 무에 배어있어 아삭한 맛을 즐길 수 있다.

무청김치

"무청에는 비타민 C와 무기질, 섬유질이 많아서 무청김치는 **정장작용**에 도움을 주는 **건강 식품**이다."

재료

무청 2kg, 굴 200g, 왕소금 2C, 찹쌀가루 5TS, 고춧가루 2C, 고춧가루(청양) 1/2C, 멸치액젓 1/2C, 갈치액젓 1/2C, 마늘 70g, 생강 20g, 물엿 50g, 다시마 1장(10cm×10cm), 표고버섯 3장, 육수용 멸치 50g

만드는 방법

1. 싱싱한 무청을 골라 한 줄기씩 떼어 깨끗이 씻은 다음 왕소금으로 절였다가 씻고 물기를 뺀다.
2. 연한 소금물로 굴을 씻어 체에 밭친 후 믹서로 간다.
3. 마늘과 생강을 다진다.
4. 다시마, 멸치, 표고버섯으로 육수를 낸다.
5. 4의 육수에 찹쌀풀을 쑤어 식히고 멸치액젓, 갈치액젓, 고춧가루, 굴, 다진 마늘, 다진 생강, 물엿을 넣고 만든 양념을 소금으로 간을 맞춰 절인 무청과 함께 버무린다.
6. 버무린 무청을 항아리에 차곡차곡 넣고 꼭꼭 눌러 실온에서 하루 정도 익힌 후 시원한 곳에 둔다.

TiP!

- 무청김치에는 가을 수확이 끝날 무렵의 싱싱한 무청 잎을 사용해야 질기지 않다.

섞박지

“배추와 무를 섞어서 담근 **막김치의 일종**으로 필요할 때마다 바로 담가 먹는 김치이다. 지역에 따라 **해산물**을 첨가하는 경우에는 해산물에 따라 김치이름을 다르게 붙인다.”

재료

무 1kg, 배추 500g, 굴 50g, 낙지 50g, 왕소금 1/2C, 찹쌀가루 2ts, 고춧가루 1C, 미나리 30g, 멸치액젓1/2C, 새우젓국 1/3C, 마늘 70g, 생강 20g, 물엿 50g, 설탕 3TS, 다시마 1장(10cm×10cm), 표고버섯 3장, 육수용 멸치 50g

만드는 방법

1. 단단한 무를 골라 깨끗이 손질한 후 3~4cm의 네모썰기를 하여 소금과 약간의 설탕으로 절인 다음 소쿠리에 밭쳐 물기를 뺀다.
2. 배추를 소금물로 절인 후 깨끗이 씻어 물기를 뺀다.
3. 굴과 낙지를 연한 소금물에 씻어 체에 밭쳐 물기를 뺀 후 낙지는 적당히 썬다.
4. 마늘과 생강을 다지고, 미나리는 잎을 깨끗이 손질하여 적당히 썬다.
5. 다시마, 멸치, 표고버섯으로 육수를 낸다.
6. 5의 육수에 찹쌀풀을 쑤어 식힌 후 멸치액젓, 새우젓국, 고춧가루, 낙지, 미나리, 다진 마늘, 다진 생강, 물엿을 넣고 양념을 비무린 다음 소금으로 간을 맞추어 절인 무청과 함께 버무린다.
7. 항아리에 담아 실온에서 하루 정도 익힌 후 시원한 곳에 둔다.

TiP!

- 잘 삭힌 해물을 무와 같이 먹는 맛이 독특하다.
- 황석어젓을 사용하여도 시원한 맛을 즐길 수 있다.

깍두기

"무는 사계절 흔히 볼 수 있는 채소이지만 **가을 무**는 특히 달고 단단하여 저장성이 뛰어나며, 무에 달려있는 무청과 갓, 실파 등을 같이 섞어서 담그면 더 깊은 맛을 느낄 수 있다. 깍두기의 단단하고 아삭한 맛이 곰탕, 갈비탕에 잘 어울린다."

재료

무 2kg, 쪽파 100g, 미나리 100g, 굴 100g,
왕소금 1C, 설탕 3TS, 사이다 1C,
고춧가루 1C, 고운 고춧가루 1/3C, 찹쌀가루 5TS,
새우젓 6TS, 멸치액젓 6TS, 마늘 100g, 생강 20g,
양파 1/4개(20g), 소주 1/2C, 사카린 2ts,
다시마 1장(10cm×10cm), 표고버섯 3장,
육수용 멸치 50g

만드는 방법

1. 무의 껍질을 벗겨 깨끗이 씻은 후 깍둑썰기로 썰어서 소금, 사이다, 사카린, 소주를 뿌려 살짝 절인다. 절인 후 체로 밭쳐 물기만 제거한다.
2. 굴은 연한 소금물로 씻어 체에 건져 새우젓과 함께 믹서로 간다.
3. 쪽파와 미나리를 깨끗이 씻어 4cm 길이로 썬다.
4. 마늘, 생강, 양파를 곱게 다진다.
5. 다시마, 멸치, 표고버섯으로 육수를 낸다.
6. 5의 육수에 찹쌀풀을 쑤고 고춧가루, 멸치액젓, 새우젓, 굴, 다진 마늘, 다진 생강, 다진 양파를 넣고 양념이 어우러지게 한 후, 절인 무에 쪽파와 미나리를 넣고 양념을 골고루 버무려 항아리에 담아 실온에서 하루 정도 익힌 후 시원한 곳에 보관한다.

TiP!

- 무를 아삭하게 먹으려면 절일 때 사이다를 조금 뿌린다.
- 굴을 믹서로 갈아서 사용하면 전체적으로 시원한 맛을 즐길 수 있다.
- 절일 때 소주를 조금 뿌리면 잡 냄새를 없애준다.
- 젓갈, 소금으로 간을 가감한다.
- 사카린(또는 삼성당)을 사용하여 단맛을 증가시키고 아삭함을 준다.

동치미

“무를 껍질째 사용하여 배, 청각, 마늘, 고추씨의 맛과 고춧가루 대신에 넣은 삭힌 고추의 맛이 어우러진 **겨울철 별미 김치**로 국물이 시원하다.”

재료

무 작은 것 10개(6kg), 청각 5g, 왕소금 1C,
삭힌 고추 150g, 마른 고추 10개, 고추씨 300g,
대파 300g, 배 400g, 양파 200g, 소주 1/2C,
마늘 50g, 생강 20g, 삼성당 2ts, 생수 10L(왕소금 2C)

만드는 방법

1. 무는 작고 매끄러우며 단단하고 싱싱한 것을 준비하여 무청을 그대로 둔 채 솔로 씻어서 잔털을 떼어낸 후 소금에 굴려 항아리에 차곡차곡 담고 반나절 절인 다음 씻어 둔다.
2. 왕소금을 프라이팬에 볶은 후 생수에 녹여 설탕, 소주를 넣고 섞어 둔다.
3. 대파를 깨끗이 씻어 소금으로 절인 후 씻어서 물기를 없애고 청각도 물에 씻어 둔다.
4. 배는 껍질을 벗긴 후 꼬치로 여러 군데 찔러 구멍을 낸다.
5. 삭힌 고추를 물에 씻은 후, 마른 고추와 같이 마른 면보로 닦아 둔다.
6. 마늘, 생강을 씻어서 편으로 썰고 고추씨는 흐르는 물에 씻어 면보 주머니에 같이 넣어 묶는다.
7. 양파의 껍질을 벗기고 씻어 둔다.
8. 항아리에 양념 면보 주머니와 삭힌 고추, 절인 대파, 양파, 마른 고추, 청각을 넣고 절인 무를 꼭꼭 눌러 담고 돌로 눌러 둔다.
9. 왕소금을 녹인 생수를 부어 익힌 후 시원한 곳에 두고 먹는다.

TiP!

- 동치미는 무와 물이 맛을 좌우하므로 물의 선택이 중요하다.
- 사이다를 먹기 전 조금 넣으면 톡쏘는 맛과 단맛은 강하나 시원한 맛은 즐길 수 없다.
- 소주를 넣으면 곰팡이가 덜 피며 잡 냄새가 없다.
- 멸치, 다시마, 마른 새우, 북어머리를 넣고 국물을 끓여 체로 밭쳐서 식힌 다음 동치미 국물로 쓰기도 한다.

고들빼기김치

"늦가을 잎과 줄기가 짙은 녹색의 고들빼기를 뿌리까지 통째 이용하여 젓국과 갖은 양념으로 버무린 **남도 지방 토속 음식**이다. 쌉쌀한 맛과 향기가 인삼을 씹는 맛과 같아 '인삼김치'라고도 한다."

재료

고들빼기 1kg, 왕소금 1C, 찹쌀가루 5TS, 고춧가루 2C, 멸치젓 1/2C, 갈치액젓 1/2C, 마늘 100g, 생강 20g, 물엿 3TS, 통깨 1TS, 소주 1/2C, 배 50g, 표고버섯 3개, 다시마 1장(10cm×10cm), 육수용 멸치 50g

만드는 방법

1. 고들빼기를 깨끗이 손질한 후 소금물에 담가 일주일 정도 쓴맛을 우려내며 삭힌다.
2. 삭힌 고들빼기를 끓는 물에 살짝 담가 건져낸 후 깨끗이 씻어 물기를 꼭 짠다.
3. 마늘, 생강을 다지고 배는 껍질을 제거 후 곱게 채 썰어 다진다.
4. 멸치, 표고버섯, 다시마를 찬물에 담가 우려내는데 물이 끓으면 표고버섯과 다시마는 건져내고 그 육수에 찹쌀풀을 쑤어 식힌 다음 고춧가루와 갖은 양념을 넣고 잘 개어 둔다.
5. 고들빼기에 양념을 버무려 항아리에 가지런히 담아 꼭꼭 눌러 익힌다.

TiP!

- 고들빼기의 쓴맛은 입맛을 잃어버렸을 때 다시 찾아준다고 한다.
- 삭힌 고들빼기를 끓는 물에 살짝 담근 후 김치를 담그면 고들빼기 특유의 냄새가 나지 않는다.
- 생고들빼기를 사용하면 쓴맛이 살아있다.

갓김치

"전라도 지방에서 즐겨먹는 김치로 고춧가루를 넣어 매콤하면서도 멸치·갈치·새우젓갈의 구수한 맛이 갓 특유의 쌉쌀한 맛과 어우러져 식욕을 돋우어 준다. 양념을 풍부하게 넣으면 이듬해 여름까지 먹을 수 있는 김치로 자주색 빛이 도는 갓김치용 갓을 선택하여 담근다."

재료

돌산갓 2kg, 왕소금 50g, 쪽파 100g, 표고버섯 3개, 찹쌀가루 5TS, 멸치액젓 1C, 새우젓 3TS, 갈치액젓 1/2C, 마늘 60g, 생강 20g, 고춧가루 2C, 물엿 1/2C, 멸치 50g, 다시마 1장(10cm×10cm)

만드는 방법

1. 다시마, 멸치, 표고버섯을 씻어 찬물에 넣고 끓여 육수를 낸다.
2. 물기를 적신 갓에 소금을 살짝 뿌려 둔다.
3. 절인 갓을 깨끗이 씻어 채반에 건져 물기를 뺀다.
4. 쪽파는 깨끗이 다듬어 소금을 살짝 뿌린 후 씻고 물기를 제거한다.
5. 마늘, 생강을 다진다.
6. 육수에 찹쌀풀을 쑤어 식힌 후, 고춧가루와 멸치액젓, 갈치액젓, 다진 마늘, 다진 생강, 물엿을 넣고 어우러지게 버무려 둔다.
7. 절인 갓과 쪽파에 양념을 넣고 잘 버무려 항아리에 담아 익힌다.

TiP!

- 갓김치는 삭힌 것일수록 깊은 맛을 즐길 수 있다.

쪽파김치

"갈치액젓과 멸치육젓을 사용하여 쪽파의 매콤한 맛과 젓갈의 고소한 맛이 어우러져 **겨울철 입맛**을 살려주는 김치로, 쪽파는 잎이 푸르고 줄기가 흰 부분이 많은 것이 향이 강하여 맛이 있다."

재료

쪽파 600g, 왕소금 1/2C, 갈치액젓 1C, 멸치육젓 1/2C, 고춧가루 2C, 표고버섯 2개, 찹쌀가루 3TS, 마늘 50g, 생강 20g, 설탕 1TS, 물엿 3TS, 다시마 1장(10cm×10cm), 멸치 50g

만드는 방법

1. 쪽파의 길이가 짧은 재래종을 준비하여 다듬고 깨끗이 씻어서 소금을 뿌려 절인 후 다시 씻어 물기를 제거한다.
2. 다시마, 멸치, 표고버섯을 찬물에 넣고 끓여서 육수를 만든다.
3. 마늘, 생강을 다진다.
4. 육수에 찹쌀풀을 쑤어 식힌 후 고춧가루, 멸치육젓, 갈치액젓, 다진 마늘, 다진 생강, 설탕, 물엿과 버무려 둔다.
5. 절인 쪽파에 양념을 넣고 버무려서 차곡차곡 담는다.

TiP!

- 무청을 소금물에 절여 같이 섞어 양념하기도 한다.
- 금방 버무린 것도 쪽파의 맛이 강해 감칠맛이 있으나 삭히면 더욱 별미이다.

부추김치

"부추김치는 경상도에서 주로 먹는 김치로, 멸치액젓, 고춧가루로 버무려 칼칼하고 개운하다. 초봄에서 여름에 걸쳐 담가서 **바로 먹는 반찬**으로 소금에 절이지 않고 젓국으로 버무린다."

재료

부추 1kg, 멸치액젓 1/2C, 고춧가루 1C, 마늘 50g, 생강 20g, 통깨 1TS, 설탕 1TS, 물엿 3TS, 찹쌀가루 2TS

만드는 방법

1. 잎이 넓은 부추를 준비하여 깨끗이 다듬어 씻고 채반에 얹어 물기를 뺀다.
2. 찹쌀풀을 쑤어 식힌 후 고춧가루, 마늘, 생강, 멸치액젓, 통깨, 설탕, 물엿을 넣고 잘 버무려 둔다.
3. 부추와 양념을 넣고 부추가 상하지 않게 살짝 버무려 항아리에 담는다.

TiP!

- 부추를 조심스럽게 버무려야 풋내가 나지 않는다.
- 온상 부추는 부드러워 쉽게 숨이 죽어 버리므로 잎이 넓고 도톰한 부추를 이용한다.
- 비린 액젓을 좋아하면 멸치육젓의 살코기를 끓이지 않고 다져서 사용해도 맛있다.

삭힌 고추김치

"가을에 마지막으로 익은 고추를 따서 소금물에 삭혀 멸치액젓, 마늘 등의 양념으로 버무린 **별미 반찬**이다."

재료

고추 1kg, 물 10C, 왕소금 300g, 고춧가루 1C, 멸치액젓 1/2C, 청장 1/2C, 마늘 70g, 생강 20g, 설탕 5TS, 물엿 5TS, 통깨 1TS

만드는 방법

1. 고추를 깨끗이 씻어 물기를 닦고 바늘로 구멍을 3~4군데 뚫어 둔다.
2. 물에 왕소금을 넣고 녹인 다음 끓여 식혀 둔다.
3. 항아리에 고추를 담고 식힌 소금물을 부은 후 돌로 꾹꾹 눌러 고추가 뜨지 않게 한다. 10일쯤 지나면 고추가 알맞게 삭는다.
4. 삭힌 고추를 건져 깨끗이 씻어 물기를 제거한다.
5. 멸치액젓, 청장, 물엿을 넣고 끓여 식힌다.
6. 마늘, 생강을 다져 식힌 액젓에 고춧가루와 통깨를 뿌려 양념을 만든다.
7. 고추에 양념을 버무려 냉장고에 두고 먹는다.

TiP!

- 삭힌 소금물을 두세 번 정도 끓여 주면 곰팡이가 피지 않는다.
- 청양고추 삭힌 것을 겨울철 기름진 음식과 함께 먹으면 개운하다.

콩잎·깻잎김치

"소금물에 콩잎, 깻잎을 일주일 정도 삭힌 후 양념을 만들어 콩잎, 깻잎 사이에 켜켜이 양념 넣은 것으로 **향이 좋은 별미 김치**이다."

재료

콩잎 3묶음(300g), 깻잎 3묶음(300g),
고춧가루 5TS, 물엿 1/2C, 간장 1/2C, 멸치액젓 1C,
갈치액젓 1/2C, 마늘 100g, 당근 50g, 통깨 2TS,
물 1/2C, 왕소금 300g, 생강 30g, 표고버섯 3장
다시마 1장(10cm×10cm), 육수용 멸치 50g

만드는 방법

1. 가을이 무르익을 무렵 노란 콩잎, 깻잎을 따서 차곡차곡 포개어 실로 묶어 둔다.
2. 물에 왕소금을 넣고 녹인다.
3. 항아리에 콩잎, 깻잎을 넣고 소금물을 부어 깨끗한 돌로 눌러 둔다.
4. 일주일 정도 삭힌 콩잎, 깻잎 묶음을 풀지 않은 채 깨끗이 씻어 10분간 삶는다.
5. 삶은 콩잎, 깻잎을 물에 담가 하루 정도 냄새를 우려낸다.
6. 콩잎과 깻잎을 깨끗이 씻어 물기를 꼭 짜둔다.
7. 당근을 곱게 채 썬다.
8. 육수는 표고버섯, 다시마, 멸치로 내어둔다.
9. 육수에 간장, 물엿을 넣고 한 번 끓여 준다.
10. 끓인 양념에 멸치액젓, 갈치액젓, 다진 마늘, 다진 생강, 고춧가루, 통깨를 넣고 버무린다.
11. 콩잎, 깻잎 2장씩 사이에 양념을 넣고 채 썬 당근도 간간이 넣어 항아리에 담는다.

TiP!

- 삭힌 콩잎 특유의 냄새를 간직하려면 물에 담가 우려내는 것을 짧게 한다.
- 가을철 콩잎, 깻잎은 잎이 질기므로 삶아서 사용해야 부드럽다.

무말랭이김치

"단단한 가을철 무를 적당한 크기로 잘라 소금물에 절이고 말려서 고춧잎과 액젓, 갖은 양념으로 버무린 **밑반찬**이다."

재료

무말랭이(물에 적신 것) 1kg, 고춧잎 150g, 마른 오징어 200g, 찹쌀가루 5TS, 고춧가루 1/2C, 고운 고춧가루 1/3C, 멸치액젓 1C, 마늘 70g, 생강 10g, 설탕 3TS, 물엿 5TS, 통깨 1TS, 표고버섯 30g

만드는 방법

1. 작고 단단한 토종 무를 가로 0.5cm, 세로 5cm 썰어 1% 소금물에 살짝 절여 물기를 꼭 짠 후 볕이 좋은 곳에서 뒤집어주면서 말린다.
2. 고춧잎은 고추 농사가 끝나는 시기에 잎을 훑어서 소금물에 절여 물기를 짠 후 말린다.
3. 무말랭이와 고춧잎을 찬물에 담가 불린 다음 깨끗이 헹궈 물기를 짠 후 섞어 둔다.
4. 오징어는 껍질을 제거하고 방망이로 자근자근 펴 부드럽게 한 다음 가로 1cm, 세로 4cm 정도로 썰어 물에 불려 마른 면보로 닦는다.
5. 다시마, 멸치, 표고버섯을 달인 물에 찹쌀가루를 넣어 찹쌀풀을 쑤어 식힌다.
6. 마늘, 생강을 다져서 찹쌀풀에 고춧가루, 멸치액젓, 설탕, 물엿, 통깨로 양념장을 만든다.
7. 무말랭이와 고춧잎, 마른 오징어를 양념장에 버무린다.

TiP!

- 무말랭이를 소금물에 절이지 않고 말리기도 하며, 무말랭이를 저장 식품으로 보관해 두었다가 이른 봄 밑반찬으로 필요할 때 만들어 먹어도 좋다.
- 양념의 분량은 식습관에 따라 조절한다.
- 마른 오징어는 뜨거운 물에 재빠르게 씻어야 불지 않는다.

실기시험 안내

1. 한식조리기능사 개요

한식조리 메뉴 계획에 따라 식재료를 선정, 구매, 검수, 보관 및 저장하며 맛과 영양을 고려하여 안전하고 위생적으로 조리 업무를 수행하며 조리기구와 시설을 위생적으로 관리, 유지하여 음식을 조리, 제공하는 전문인력을 양성하기 위하여 자격제도로 제정되었다.

2. 한식조리기능사 시험

1) 시험과목

- 필기: 한식 재료관리, 음식조리 및 위생관리
- 실기: 조리작업

2) 검정방법

- 필기: 객관식 4지 택일형, 60문항(60분)
- 실기: 작업형(70분 정도)

3) 합격기준

- 필기: 100점을 만점으로 하여 60점 이상
- 실기: 100점을 만점으로 하여 60점 이상

4) 기타 정보

- 실시기관 홈페이지: http://q-net.or.kr
- 필기 출제기준 및 실기시험 공개문제는 q-net 자료실 참고

3. 실기시험 지참준비물

번호	재료명	규격	단위	수량	비고
1	가위		EA	1	
2	강판		EA	1	
3	계량스푼		EA	1	
4	계량컵		EA	1	
5	국대접	기타 유사품 포함	EA	1	
6	국자		EA	1	

7	냄비		EA	1	시험장에도 준비되어 있음
8	도마	흰색 또는 나무도마	EA	1	시험장에도 준비되어 있음
9	뒤집개		EA	1	
10	랩		EA	1	
11	마스크		EA	1	위생복장(위생복, 위생모, 앞치마, 마스크)을 착용하지 않을 경우 채점대상에서 제외(실격)
12	면포/행주		장	1	
13	밀대		EA	1	
14	밥공기		EA	1	
15	볼(bowl)		EA	1	
16	비닐팩	위생백, 비닐봉지 등 유사품 포함	장	1	
17	상비의약품	손가락골무, 밴드 등	EA	1	
18	석쇠		EA	1	
19	쇠조리(혹은 체)		EA	1	
20	숟가락	차스푼 등 유사품 포함	EA	1	
21	앞치마	흰색(남여공용)	EA	1	위생복장(위생복, 위생모, 앞치마, 마스크)을 착용하지 않을 경우 채점대상에서 제외(실격)
22	위생모	흰색	EA	1	위생복장(위생복, 위생모, 앞치마, 마스크)을 착용하지 않을 경우 채점대상에서 제외(실격)
23	위생복	상의: 흰색/긴소매 하의: 긴바지(색상무관)	벌	1	위생복장(위생복, 위생모, 앞치마, 마스크)을 착용하지 않을 경우 채점대상에서 제외(실격)
24	위생타월	키친타월, 휴지 등 유사품 포함	장	1	
25	이쑤시개	산적꼬치 등 유사품 포함	EA	1	
26	접시	양념접시 등 유사품 포함	EA	1	
27	젓가락		EA	1	
28	종이컵		EA	1	
29	종지		EA	1	
30	주걱		EA	1	
31	집게		EA	1	
32	칼	조리용칼, 칼집 포함	EA	1	
33	호일		EA	1	
34	프라이팬		EA	1	시험장에도 준비되어 있음

※ 지참준비물의 수량은 최소 필요수량으로 수험자가 필요 시 추가지참 가능하다.

※ 지참준비물은 일반적인 조리용을 의미하며, 기관명, 이름 등 표시가 없는 것이어야 한다.

※ 지참준비물 중 수험자 개인에 따라 과제를 조리하는데 불필요한 조리기구는 지참하지 않아도 무방하다.

※ 지참준비물 목록에는 없으나 조리에 직접 사용되지 않는 조리 주방용품(예, 수저통 등)은 지참 가능하다.

※ 수험자지참준비물 이외의 조리기구를 사용한 경우 채점대상에서 제외(실격)된다.

4. 수험자 유의사항

1) 만드는 순서에 유의하며, 위생과 숙련된 기능평가를 위하여 조리작업 시 맛을 보지 않는다.

2) 지정된 수험자지참준비물 이외의 조리기구나 재료를 시험장 내에 지참할 수 없다.

3) 지급재료는 시험 전 확인하여 이상이 있을 경우 시험위원으로부터 조치를 받고 시험 중에는 재료의 교환 및 추가지급은 하지 않는다.

4) 요구사항 및 지급재료의 규격은 "정도"의 의미를 포함하며, 재료의 크기에 따라 가감하여 채점된다.

5) 위생복, 위생모, 앞치마, 마스크를 착용하여야 하며, 시험장비·조리기구 취급 등 안전에 유의한다.

6) 다음 사항은 실격에 해당하여 채점대상에서 제외된다.

① 수험자 본인이 시험 도중 시험에 대한 포기 의사를 표현하는 경우

② 위생복, 위생모, 앞치마, 마스크를 착용하지 않은 경우

③ 시험시간 내에 과제 두 가지를 제출하지 못한 경우

④ 문제의 요구사항대로 과제의 수량이 만들어지지 않은 경우

⑤ 구이를 조림 등으로 조리하여 완성품을 요구사항과 다르게 만든 경우

⑥ 불을 사용하여 만든 조리작품이 작품특성에 벗어나는 정도로 타거나 익지 않은 경우

⑦ 해당과제의 지급재료 이외의 재료를 사용하거나 석쇠 등 요구사항의 조리기구를 사용하지 않은 경우

⑧ 지정된 수험자지참준비물 이외의 조리기구를 사용한 경우

⑨ 가스레인지 화구 2개 이상(2개 포함) 사용한 경우

⑩ 시험 중 시설·장비(칼, 가스레인지 등) 사용 시 시험위원 및 타수험자의 시험 진행에 위해를 일으킬 것으로 시험위원 전원이 합의하여 판단한 경우

⑪ 요구사항에 표시된 실격 및 부정행위에 해당하는 경우

7) 항목별 배점은 위생상태 및 안전관리 5점, 조리기술 30점, 작품의 평가 15점이다.

8) 시험시작 전 가벼운 몸 풀기(스트레칭) 동작으로 긴장을 풀고 시험을 시작한다.

5. 위생상태 및 안전관리 세부기준

1) 위생복 상의

① 전체 흰색, 손목까지 오는 긴소매

- 조리과정에서 발생 가능한 안전사고(화상 등) 예방 및 식품위생(체모 유입방지, 오염도 확인 등) 관리를 위한 기준 적용
- 조리과정에서 편의를 위해 소매를 접어 작업하는 것은 허용
- 부직포, 비닐 등 화재에 취약한 재질이 아닐 것, 팔토시는 긴팔로 불인정

② 상의 여밈은 위생복에 부착된 것이어야 하며 벨크로(일명 찍찍이), 단추 등의 크기, 색상, 모양, 재질은 제한하지 않음(단, 핀 등 별도 부착한 금속성은 제외)

2) 위생복 하의

색상·재질 무관, 안전과 작업에 방해가 되지 않는 긴 바지: 조리기구 낙하, 화상 등 안전사고 예방을 위한 기준 적용

3) 위생모

전체 흰색, 빈틈이 없고 바느질 마감처리가 되어 있는 일반 조리장에서 통용되는 위생모(모자의 크기, 길이, 모양, 재질(면·부직포 등)은 무관)

4) 앞치마

전체 흰색, 무릎 아래까지 덮이는 길이: 상하일체형(목끈형) 가능, 부직포·비닐 등 화재에 취약한 재질이 아닐 것

5) 마스크

침액을 통한 위생상의 위해 방지용으로 종류는 제한하지 않음(단, 감염병 예방법에 따라 마스크 착용 의무화 기간에는 '투명 위생 플라스틱 입가리개' 는 마스크 착용으로 인정하지 않음)

6) 위생화(작업화)

색상 무관, 굽이 높지 않고 발가락·발등·발뒤꿈치가 덮여 안전사고를 예방할 수 있는 깨끗한 운동화 형태

7) 장신구

일체의 개인용 장신구 착용 금지(단, 위생모 고정을 위한 머리핀 허용)

8) 두발

단정하고 청결할 것, 머리카락이 길 경우 흘러내리지 않도록 머리망을 착용하거나 묶을 것

9) 손/손톱

① 손에 상처가 없어야 하나, 상처가 있을 경우 보이지 않도록 할 것(시험위원 확인 하에 추가 조치 가능)

② 손톱은 길지 않고 청결하며 매니큐어, 인조손톱 등을 부착하지 않을 것

10) 폐식용유 처리

사용한 폐식용유는 시험위원이 지시하는 적재장소에 처리할 것

11) 교차오염

① 교차오염 방지를 위한 칼, 도마 등 조리기구 구분 사용은 세척으로 대신하여 예방할 것

② 조리기구에 이물질(예, 청테이프)을 부착하지 않을 것

12) 위생관리

재료, 조리기구 등 조리에 사용되는 모든 것은 위생적으로 처리하여야 하며, 조리용으로 적합한 것일 것

13) 안전사고 발생 처리

칼 사용(손 빔) 등으로 안전사고 발생 시 응급조치를 하여야 하며, 응급조치에도 지혈이 되지 않을 경우 시험 진행 불가

14) 부정 방지

위생복, 조리기구 등 시험장 내 모든 개인물품에는 수험자의 소속 및 성명 등의 표식이 없을 것(위생복의 개인 표식 제거는 테이프로 부착 가능)

15) 테이프 사용

위생복 상의, 앞치마, 위생모의 소속 및 성명을 가리는 용도로만 허용

※ 위 내용은 안전관리인증기준(HACCP) 평가(심사) 매뉴얼, 위생등급 가이드라인 평가 기준 및 시행상의 운영사항을 참고하여 작성된 기준임

6. 위생상태 및 안전관리에 대한 채점기준

1) 실격(채점대상 제외)

① 위생복(상/하의), 위생모, 앞치마, 마스크 중 한 가지라도 미착용한 경우

② 평상복(흰티셔츠, 와이셔츠), 패션모자(흰털모자, 비니, 야구모자) 등 기준을 벗어난 위생복을 착용한 경우

2) '위생상태 및 안전관리' 점수 전체 0점

① 위생복(상/하의), 위생모, 앞치마, 마스크를 착용하였더라도

㉮ 무늬가 있거나 유색의 위생복 상의 · 위생모 · 앞치마를 착용한 경우

㉯ 흰색의 위생복 상의 · 앞치마를 착용하였더라도 부직포, 비닐 등 화재에 취약한 재질의 복장을 착용한 경우

㉰ 팔꿈치가 덮이지 않는 짧은 팔의 위생복을 착용한 경우

㉱ 위생복 하의의 색상, 재질은 무관하나 짧은 바지, 통이 넓은 힙합스타일 바지, 타이츠, 치마 등 안전과 작업에 방해가 되는 복장을 착용한 경우

㉲ 위생모가 뚫려 있어 머리카락이 보이거나, 수건 등으로 감싸 바느질 마감 처리가 되어있지 않고 풀어지기 쉬워 일반 조리장용으로 부적합한 경우

② 이물질(예, 테이프) 부착 등 식품위생에 위배되는 조리기구를 사용한 경우

3) '위생상태 및 안전관리' 점수 일부 감점

① 위생복(상/하의), 위생모, 앞치마, 마스크를 착용하였더라도

㉮ 위생복 상의가 팔꿈치를 덮기는 하나 손목까지 오는 긴소매가 아닌 위생복(팔토시 착용은 긴소매로 불인정), 실험복 형태의 긴 가운, 핀 등 금속을 별도 부착한 위생복을 착용하여 세부기준을 준수하지 않았을 경우

㉯ 테두리선, 칼라, 위생모 짧은 창 등 일부 유색의 위생복 상의·위생모·앞치마를 착용한 경우(테이프 부착 불인정)

㉰ 위생복(상/하의), 위생모, 앞치마, 마스크에 수험자의 소속 및 성명을 테이프 등으로 가리지 않았을 경우

② 위생화(작업화), 장신구, 두발, 손/손톱, 폐식용유 처리, 안전사고 발생 처리 등 '위생상태 및 안전관리 세부기준' 을 준수하지 않았을 경우

③ 위생상태 및 안전관리 세부기준' 이외에 위생과 안전을 저해하는 기타사항이 있을 경우

※ 위 기준에 표시되어 있지 않으나 일반적인 개인위생, 식품위생, 주방위생, 안전관리를 준수하지 않을 경우 감점처리 될 수 있음

※ 수도자의 경우 제복+위생복 상의/하의, 위생모, 앞치마, 마스크 착용 허용

시험 전 체크리스트

1. 전류

다진 고기+으깬 두부 ▶ 소금 중심 양념 재료 ▶ 밀가루 ▶ 달걀노른자 입혀 팬 약불에서 먼저 익힌 후 ▶ 키친타월 처리

2. 생채류

메뉴	무생채	더덕생채	도라지생채
절임	무에 고춧가루 물들이기	따뜻한 물 넣어 소금 녹이기	소금 넣어 치대기(쓴맛 제거)
크기	6cm×0.2cm×0.2cm	5cm×0.1cm×0.1cm	6cm×0.3cm×0.3cm
양념장	소금, 식초, 설탕, 파, 마늘, 깨소금, 생강즙	고춧가루, 식초, 설탕, 파, 마늘, 깨소금	고추장, 고춧가루, 식초, 설탕, 파, 마늘, 깨소금
색	엷은 주황색	주황색	진한 주황색

3. 구이류

메뉴	너비아니구이	제육구이	북어구이	생선양념구이	더덕구이
크기	4cm×5cm×0.4cm	4cm×5cm×0.4cm	5cm		
애벌구이	×	×	참기름 1TS, 간장 1ts	참기름 1TS, 간장 1ts	참기름 1TS, 간장 1ts
양념	간장(2TS) 중심+배즙	고추장(2TS) 중심+생강즙	고추장(2TS) 중심	고추장(2TS) 중심	고추장(2TS) 중심-후추×

4. 적류

메뉴	화양적	지짐누름적	섭산적
크기	0.6cm×6cm×6cm	0.6cm×1cm×6cm	0.7cm×2cm×2cm
주의사항	크기 맞춰 잘라 식용유로 볶기	크기 맞춰 잘라 식용유로 볶기	충분히 식혀 자르기

5. 재료손질

항상 두 가지 요리의 재료분리와 손질(세척)을 먼저 할 것

- 찬물에 담그기: 양배추, 쑥갓

- 찬 설탕물에 담그기: 배, 밤
- 찬 소금물에 씻기: 홍합, 굴
- 따뜻한 물에 담그기: 석이, 목이, 표고버섯
- 소금으로 문질러 씻기: 오이
- 물이 닿지 않게: 김, 잣, 다시마, 실고추

6. 반죽

- 칠절판(밀전병): 밀가루 4TS+물 7TS 정도(약간 묽게) 섞어 체에 내리기

7. 기본양념

- 간장 중심: 간장 1TS, 설탕 1/2TS, 마늘 1/2ts, 파 1ts, 깨소금 1/2ts, 참기름 1/2ts, 후추 약간
- 소금 중심: 소금 1/3ts, 설탕 1/2ts, 마늘 1/4ts, 파 1/2ts, 깨소금 1/4ts, 참기름 1/4ts, 후추 약간
- 고추장 중심: 고추장 2TS, 설탕 1TS, 마늘 1/2ts, 파 1ts, 깨소금 1/2ts, 참기름 1/2ts, 후추 약간

8. 미리 완성해야 되는 요리

지짐누름적, 섭산적

9. 마지막에 완성해야 되는 요리

생채류, 육회, 오징어볶음, 겨자채

10. 뜨겁게 내는 요리

국, 찌개류, 장국죽

11. 마늘, 생강

- 편썰기: 홍합초, 육회
- 생강즙: 무생채, 제육구이

12. 겨자

미지근한 물에 개어 냄비뚜껑에 엎어 5분간 발효시켜 사용

- **겨자채:** 발효겨자 1TS, 식초 2TS, 설탕 2TS, 소금 약간, 간장 1/3ts

13. 유장

- 북어구이, 생선양념구이, 더덕구이
- 참기름 1TS+간장 1ts

14. 표고버섯양념

- **간장 중심:** 콩나물밥, 장국죽(설탕×)

15. 석이버섯

소금, 참기름 조미해 팬에 볶아 사용

| 참고문헌 |

1. 김치 천년의 맛, 김만조 외, 디자인하우스, 1977
2. 눈으로 먹는 절음식, 김연식, 우리출판사, 2002
3. 동의보감, 허준, 남산당, 1966
4. 선재스님의 사찰음식, 선재, 디자인하우스, 2000
5. 우리음식 백가지(1, 2), 한복진, 현암사, 1999
6. 음식디미방, 정부인 안동장씨, 영양군, 2007
7. 조리용어사전, 한국조리학회, 도서출판 효일, 2001
8. 조선왕조 궁중음식, 황혜성, 궁중음식연구원, 2001
9. 한국음식, 김향희 외, 형설출판사, 2004
10. 한국음식, 염초애 외, 효일문화사, 1995
11. 한국음식, 조신호 외, 교문사, 2003
12. 한국음식대관(제1권), 윤서석 외, 한국문화재보호재단, 1997
13. 한국음식대관(제2권), 조창숙 외, 한국문화재보호재단, 1999
14. 한국음식대관(제3권), 강인희 외, 한림출판사, 2000
15. 한국음식대관(제4권), 장지현 외, 한림출판사, 2000
16. 한국음식대관(제5권), 한복려 외, 한림출판사, 2002
17. 한국음식대관(제6권), 황혜성 외, 한림출판사, 1997
18. 한국음식의 손맛, 정외숙 외, 중외출판사, 2003
19. 한국의 김치문화와 식생활, 최홍식, 도서출판 효일, 2002
20. 한국의 떡 · 한과 · 음청류, 윤숙자, 지구문화사, 1999
21. 한국의 떡과 과줄, 강인희, 대한교과서, 1999
22. 한국의 맛, 강인희, 대한교과서, 1999
23. 한국의 상차림, 이말순 외, 도서출판 효일, 1999
24. 한국의 시절음식, 윤숙자, 지구문화사, 2000
25. 한국의 전통음식, 황혜성, 교문사, 2001
26. 한국인의 보양식, 강인희, 대한교과서, 1995
27. 한국조리, 정외숙, 중외출판사, 1999
28. 한방식이요법학, 김호철, 경희대학교 출판국, 2003
29. 현대인의 음식보감, 김미리 외, 교문사, 2004
30. NCS에 맞춘 한식조리기능사 · 산업기사, 강현우 외, 도서출판 효일, 2021

| 저자소개 |

이경수

- 영남이공대학교 식음료조리계열 교수
- 대구카톨릭대학교 식품가공학과 이학박사
- 식품기술사 감독위원
- 조리기능사 감독위원
- 조리산업기사 감독위원

이시형

- 대구공업대학교 호텔외식조리계열 겸임교수
- 영남대학교 교육대학원 석사
- 영남대학교 식품영양학과 석박사 재학중
- (사)궁중음식연구원 중급 의궤상차림과정 수료
- (사)궁중병과연구원 떡, 한과 전문과정 수료
- 한국바리스타스쿨 감독위원
- 전국 기능경기대회 외 다수 수상

조리 전공을 위한 **한국음식**

발 행 일	2022년 2월 14일 초판 인쇄 2022년 2월 16일 초판 발행
지 은 이	이경수 · 이시형
발 행 인	김홍용
펴 낸 곳	도서출판 **효일**
주 소	서울시 중랑구 신내역로3길 40-36
전 화	02) 928-6643
팩 스	02) 927-7703
홈페이지	www.hyoilbooks.com
Email	hyoilbooks@hyoilbooks.com
등 록	2001년 10월 8일 제2021-000091호
정 가	22,000원
ISBN	978-89-8489-497-6